Iguais a todo mundo?
mundo?
Vida religiosa e condição humana

Juan José de León Lastra, OP

Iguais a todo mundo?

Vida religiosa e condição humana

EDITORA
AVE-MARIA

© 2007 by Publicaciones Claretianas (Madrid)
ISBN: 978-84-7966-314-8

Em língua portuguesa:
© 2009 by Editora Ave-Maria. All rights reserved.
Rua Martim Francisco, 636 – CEP 01226-000 – São Paulo, SP – Brasil
Telefax: (11) 3823-1060 • Televendas: 0800 7730 456
editorial@avemaria.com.br • comercial@avemaria.com.br
www.avemaria.com.br

ISBN: 978-85-276-1270-8

Título original: ¿*Como los demás?* - *Vida religiosa y condición humana*
Tradução: Frederico Ozanam Pessoa de Barros
Capa: Carlos Eduardo P. de Sousa

Printed in Brazil – Impresso no Brasil

1. ed. – 2009

Dados Internacionais de Catalogação na Publicação (CIP)
(Câmara Brasileira do Livro, SP, Brasil)

León Lastra, Juan José de
 Iguais a todo mundo?: vida religiosa e condição humana / Juan José de León; [tradução Frederico Ozanam Pessoa de Barros]. – São Paulo: Editora Ave-Maria, 2009.

Título original: ¿Como los demás?: vida religiosa y condición humana.

ISBN: 978-85-276-1270-8

1. Vida religiosa e monástica I. Título.

09-09455	CDD-248.894

Índices para catálogo sistemático:
1. Religiosos: Vida consagrada: Cristianismo   248.894
2. Vida religiosa consagrada: Cristianismo   248.894

Diretor Geral: Hely Vaz Diniz, CMF
Vice-Diretor: Oswair Chiozini, CMF
Diretor Editorial: Luís Erlin Gomes Gordo, CMF
Diretor Comercial: Maciel Messias Claro, CMF
Gerente Editorial: J. Augusto Nascimento
Revisão: Adelino Coelho e Enymilia Guimarães
Diagramação: Carlos Eduardo P. de Sousa

Sumário

Prólogo
"Humanizar" a vida religiosa

1. Excepcionalidade da vida religiosa 9
2. A vida religiosa na Igreja 11
3. A vida religiosa na sociedade 12
4. A vida religiosa como testemunho de um novo ser humano, de uma nova sociedade 13
5. Da excepcionalidade a ser "antissistema" na sociedade 19

Capítulo I
Antropologia e teologia da vida religiosa

1. A antropologia e a teologia da vida religiosa 21
2. O que constitui o ser humano (sinopse da primeira parte da Constituição pastoral *Gaudium et spes*) 22
3. Vida religiosa e humanização na Constituição dogmática *Lumen gentium* 24
4. A humanização da vida religiosa na reflexão contemporânea 25
5. Proposta para nossa exposição 26
6. Destinatários 28

Capítulo II
Vida religiosa e interioridade

1. Afirmações rápidas sobre a interioridade 29
2. Desenvolvimento dessas afirmações 30
3. Interioridade realizada na vida religiosa. A vida religiosa como ícone da interioridade 31
4. Ambiente no qual cresce a interioridade que gera a vida religiosa 34
5. Consequências da interioridade 39

Capítulo III
A dimensão religiosa do ser humano e a vida religiosa

1. A dimensão religiosa pertence à essência do ser humano 45
2. Nossa sociedade e o religioso 48
3. A vida religiosa como instituição da Igreja 50
4. A vida religiosa como referência do religioso na Igreja e na sociedade 52
5. O sentido da renovação da vida religiosa 53

Capítulo IV
Vida religiosa e liberdade

1. A liberdade, essência da condição humana 55
2. Obediência até a morte e a liberdade 59
3. Nosso voto de obediência no mundo de hoje 62
4. Liberdade afetiva e obediência 64
5. No dia a dia da vida religiosa 67
6. A comunidade e a obediência, fatores dessa liberdade 69
7. Conclusão 71

Capítulo V
Ser pessoa porque se é pobre

1. Especificações do conceito de pobreza 73
2. Bem-aventurados os pobres 75
3. A pobreza é, portanto, caminho para a autenticidade do ser humano 77
4. Pobreza na vida religiosa 79
5. Optar pelos pobres como algo que dimana da nossa pobreza 80
6. A pobreza como antissistema 81
7. Considerações concretas sobre o estilo comunitário: ícone de outro modo de tratar os bens, necessário para humanizar a sociedade 83

Capítulo VI
Dimensão humana da castidade consagrada

1. Introdução. Constatações prévias 87
2. A castidade da vida religiosa 88
3. As fraquezas do ser humano que professa a castidade consagrada 91
4. Que tipo de amor define a castidade consagrada? 94
5. O amor de amizade em Jesus 100
6. Antropologia da amizade 104
7. A amizade na vida religiosa 105
8. A amizade e Deus 111
9. Conclusão 114

Capítulo VII
A vida comunitária, ícone de uma nova humanidade

1. Convivência social e comunidade 115
2. O fundamento e o objetivo da comunidade 121
3. A comunidade que terá de enfrentar esses desafios ... 124

Capítulo VIII
Estar e agir no mundo: sociedade, política e vida religiosa

1. Estar 131
2. Agir 132
3. No mundo 133
4. Vida religiosa e missão 136
5. Conclusão 140

Prólogo
"Humanizar" a vida religiosa

1. Excepcionalidade da vida religiosa

Na vida religiosa sempre se viu certa excepcionalidade. Trata-se de um estilo de vida que foge do comum. Os religiosos e as religiosas parecem ter como objetivo de vida algo diferente do que a maioria se propõe. Nem sequer condiz com o programa próprio de todo ser vivo: nascer, crescer e reproduzir-se. Esse último está excluído por causa do voto de castidade. O que concede essa excepcionalidade, para alguns essa raridade, da vida religiosa é sua referência a Deus. Em termos mais precisos, sua consagração a ele. Parece aos olhos de homens e mulheres como um modo de viver mais "divino". E isso faz que eles pareçam menos "humanos". Menos humanos não por estarem mais perto do que transcende para "cima" a humanidade. Nós, os religiosos, costumamos acreditar nisso. Estar mais perto de Deus, como as pessoas acham, serviu às vezes de camuflagem para o fato de sermos pouco humanos e de termos perdido de vista a dimensão humana da nossa vida.

Em quase todas as religiões, para não dizer em todas, existe um grupo de pessoas com um modo de vida excepcional, mais unidas a tudo o que se refere à divindade, ao seu culto, à interpretação da vontade divina... Excepcionalidade que se institucionaliza socialmente em algumas, formando a casta religiosa ou sacerdotal. Pertencer a ela ajuda a ser entendido e valorizado por parâmetros diferentes dos do resto da humanidade. Na fé cristã não existe essa casta, mas elas estão institucionalizadas na vida religiosa e na sacerdotal. Os religiosos e as religiosas não são pessoas que optam por um modo de vida peculiar criado de acordo com seus interesses e sua criatividade; não, elas conhecem previamente uma organização, uma estrutura, com seus objetivos, meios e procedimentos particulares, e decidem unir-se a ela. Não buscam formar uma casta social seleta que exija um tratamento diferente, mas que se incorporam a uma instituição com especificidade própria na sociedade e na Igreja.

Isso precisa ser dito com mais força em relação aos sacerdotes. O próprio nome já manifesta uma condição de algo sagrado e, por isso mesmo, segregado. Isso acontece em todas as religiões, embora com diferentes matizes. O mal que pode derivar disso é o clericalismo, isto é, reservar para si os postos que regem a marcha da Igreja, constituir o grupo que formula o pensamento e o governo da Igreja, tornar-se os únicos que têm palavra e voz, que marcam os caminhos por onde serão conduzidos os fiéis. Sem dúvida, apesar das declarações oficiais e oficiosas de que é o batismo que nos incorpora à Igreja e que nos torna seus membros e não outro sacramento, e de que ninguém é mais nem menos nessa Igreja, a hierarquia eclesiástica é que marcou, por causa da autoridade de jurisdição que lhe é dada pelo sacramento da ordem, e continua marcando o pensamento e, em geral, o desenvolvimento da vida eclesial. Isso deriva do fato de que Cristo deu a alguns, e somente a alguns, o poder de "atar e desatar" aqui na terra, com a garantia de que o que esse poder decidir seria garantido no céu. Esse poder é transmitido pelo sacramento da ordem.

O resto dos fiéis é leigo. Também os religiosos e, é claro, as religiosas. Não se trata de reavivar discussões sobre se

Prólogo

a vida religiosa é ou não um meio-termo entre o clérigo e o leigo. Já que é o sacramento da ordem que tem a palavra para distinguir dois estados na Igreja, admitamos isso. O religioso não deve se agastar por ser considerado leigo. Ser religioso é quase mais compreensível do que ser clérigo. Por experiência da minha ordem, eu conheço os problemas criados pela pessoa dotada do caráter clerical: os não clérigos acabam não encontrando seu lugar, ou melhor, não veem onde os clérigos os colocam; não se sabe que sistema de formação é preciso estabelecer para eles, uma vez superada a etapa dos queridos e amados, mas sem algumas responsabilidades que a princípio estão abertas a todos os membros de uma coletividade, como a responsabilidade do governo.

2. A vida religiosa na Igreja

Compreende-se melhor que a vida religiosa não pertença à hierarquia da Igreja, como diz a encíclica *Lumen gentium* (Luz dos povos) (1964-1968), e, por isso, fique à margem dos últimos órgãos de decisão, caso se prescinda dos religiosos clérigos. O que distingue a vida religiosa não é, portanto, uma autoridade ou poder especial de seus membros no tecido eclesial, mas um estilo peculiar de vida. Pertence, segundo a *Lumen gentium*, à vida e à santidade da Igreja. Sendo assim, é essa pertinência à santidade da Igreja que cria essa consideração de exceção por estar perto da divindade. Santo é palavra que se diz essencialmente de Deus. Deus é por analogia a santidade suprema. O santo se entende também como o sagrado.[1]

---

1. Prescindo da clássica discussão sobre o que é o primeiro, o santo ou o sagrado. Considero *per modum unius* pelo estreito vínculo que existe entre ambos, que permite que sejam conceitos cambiáveis.

O sagrado sempre tem um caráter de segregado, de diferente, também por sua referência ao divino.

3. A vida religiosa na sociedade

Esse caráter sagrado está expresso no termo de vida "consagrada", que se aplica a quem optou por esse modo diferente de viver. Não é de estranhar que a vida religiosa, de acordo com o que acabamos de indicar, tenha algo de segregado. Ela mesma se definiu como *fuga mundi* (fuga do mundo), fuga da sociedade dos seres humanos. Tem sido próprio dela, no transcorrer dos séculos, não se imiscuir em assuntos puramente profanos, como a gestão da sociedade civil. Também houve não poucas reticências na hora de incorporar à tomada de decisões na sociedade eclesiástica os religiosos clérigos. Por exemplo, as reticências para que os religiosos sejam nomeados bispos. Mesmo assim foram cedendo diante das exigências das necessidades da Igreja.[2] Como cedem também, e com excesso, diante da pressão social ou do desejo de comprometer-se com o povo ou com o atrativo do poder para que alguns religiosos ou religiosas desempenhassem cargos de governo na sociedade civil.

Não é disso que eu quero me ocupar neste livro, mas quero ver as consequências resultantes da diferença de estilo de vida que implica a vida religiosa na sociedade. Por um lado, o contato, real e institucional, mais direto com Deus e com o que lhe é consagrado. Por outro lado, o distanciamento do

---

2. Eu acho que, com as exceções próprias de lugares também excepcionais, como terras de missão ou onde a Igreja esteja nascendo graças ao trabalho dos missionários religiosos, não é pouco importante levar em consideração o caráter peculiar dos religiosos para que não sejam chamados com facilidade a assumir as responsabilidades hierárquicas, como o episcopado.

Prólogo

modo de viver da maioria dos contemporâneos, como consequência de pretender forjar sua vida tendo em vista uns objetivos últimos que também são diferentes dos que os homens e as mulheres se propõem como próprios da condição humana. É isso o que às vezes levou, consciente ou inconscientemente, a viver descuidando das exigências que derivam de sua condição humana e do esforço que estão obrigados a fazer por serem o que são: pessoas em favor de uns projetos que tocam o divino, o sobre-humano.

4. A vida religiosa como testemunho de um novo ser humano, de uma nova sociedade

Defendo, pelo contrário, a tese de que a vida religiosa é uma instância que permite que surja com mais força a condição humana em meio a uma sociedade que é tentada a esquecer o essencial de sua condição humana, assim como a de cada um dos seus membros. O sentido da vida religiosa é proclamar ao ser humano o que é ser homem e mulher de acordo com o projeto de Deus, quais são os valores que o definem como tal. Usando uma expressão de Kant, o que deve fazer, o que lhe cabe esperar e o que é o ser humano. Para ele, a vida religiosa tem os olhos fixos em Deus e descobre nele o verdadeiro projeto de ser pessoa.[3]

---

3. Augusto Guerra, no artigo "espiritualidade" do *Dicionário teológico da vida consagrada*, expõe, citando Tillard, como o primeiro grande eixo que a espiritualidade tem de reordenar — essa é a tarefa da espiritualidade, de acordo com Gustavo Gutiérrez — é "a conversão do homem". De acordo com Tillard, ele observa que "*Perfectae caritatis* havia sido redigida depois de *Lumen gentium*, mas teria de ser interpretada a partir de *Gaudium et spes*" (GUERRA, Augusto. Verbete "espiritualidade". Em: APARICIO, Ángel. *Diccionario teológico de la vida consagrada*. Madrid: Publicaciones Claretianas, 1989, p. 577).

Iguais a todo mundo?

Isso precisa ser proclamado pela vida religiosa a partir da excepcionalidade de um estilo de vida. Essa excepcionalidade serve de chamada de atenção, grito que se destaca nos silêncios para aqueles para os quais o essencial fica reduzido, para fazer-se ouvir em meio aos ruídos produzidos pelo epidérmico da condição humana ou até o que atenta contra ela. É preciso que o excepcional se mantenha para que a vida religiosa tenha o caráter de sinal, de testemunho, de proclamação. Perdida no estilo de vida próprio da sociedade em que vive, se converte em insignificante, irrelevante, carente de sentido, sal insípido.

No entanto, essa excepcionalidade não pode ficar na autocomplacência de ser diferente, em não ser "como o resto dos homens", como diria o fariseu da parábola. Todo o valor da vida religiosa não fica reduzido simplesmente a ser mais uma opção de vida. Por definição, ela quer indicar, ser significante, de algo diferente, próprio de seu estilo de vida; em suma, de onde está a real dignidade da condição humana, seja qual for o estado (solteiro, casado), a profissão ou o lugar que ocupe na sociedade. Por isso, podemos dizer que a vida religiosa não tem valor em si mesma, que não pretende que os outros sejam religiosos, mas que nos diferentes estados de vida vivam sua condição humana de acordo com o que emerge da opção por ser religioso.

As peculiaridades da vida religiosa só constituem um valor em função de algo realmente valioso. A vida religiosa é para seres humanos. Nunca a consagração a Deus, que a define, pode deixar em um segundo plano seu destino humano. Falando-se de consagração a Deus, com a mesma força se pode falar de entrega ao serviço do ser humano na linha própria do Deus ao qual se consagra, que se revela a nós como absolutamente comprometido com a condição

Prólogo

humana. Trata-se de um Deus apaixonado pela humanidade — "Deus amou tanto o mundo, que lhe entregou o seu filho". E exige em todos essa mesma paixão, que se expressa na entrega de uns aos outros.

Nessa linha vemos o lema do congresso internacional da vida religiosa de novembro de 2004, *Paixão por Cristo, paixão pela humanidade*. Não se pode separar, no cristão, essa dupla paixão, pois é uma única paixão. Por esse motivo, dever-se-ia acrescentar à clássica expressão que se atribui à vida religiosa, *fuga mundi*, na qual se expressava a distância que se estabelecia a respeito do modo generalizado de vida, a expressão *fuga ad humanitatem* (fuga para a humanidade). Foge-se, se estabelecem distâncias da sociedade civil e, em parte da eclesiástica, para ir ao encontro da verdadeira humanidade. Cria-se uma distância crítica que permite que se analise, sem se perder nos fatos e nas situações, tal como se produzem, como pessoa humana; e como ser, além disso, chamada de atenção de como ser uma pessoa humana autêntica. Procura-se a verdade da "humanidade", compreendendo-se o termo no duplo sentido do essencial do ser humano e do conjunto que devem constituir esses seres humanos, e, com a vida peculiar do religioso, proclamá-la.

4.1. Antes de tudo, ser o que somos: seres humanos

Pode ser que o que dissemos implique mudanças em estruturas e em comportamentos institucionais das congregações religiosas. Não vou insistir nisso; quero limitar-me ao que exige de mudança no coração de cada religioso. Um religioso precisa estar enamorado de sua condição de ser pessoa. Precisa estar inquieto para avançar até o projeto de pessoa que Deus marcou com a criação e a salvação para todos. Precisa examinar com espírito crítico as doses de "humanidade" na sua vida. Precisa avaliar todos os esquemas, práticas, estilos da vida religiosa, usando como critério ser mais o que é, humano, e ser testemunha e sinal da humanidade autêntica.

Esse exame impede que a vida religiosa caia na hipocrisia da aparência, isto é, manifeste na sua estrutura um modo excepcional e atraente de ser, no qual Deus parece mais presente, no qual se produz um contato íntimo com as realidades sagradas, no qual ela própria é entendida como efeito de uma consagração e, por conseguinte, na realidade do ser e viver de cada membro ou de toda a comunidade, perder de vista o que esse Deus exige de nós como seres humanos. O melhor que se pode fazer para ser testemunha da humanidade que Deus quer é pensar e viver humanamente.

Tudo isso está na linha da reviravolta antropológica realizada pela teologia que emana do Vaticano II. Reviravolta antropológica que tem seu fundamento na cristologia, convertida no centro de toda teologia. Esse concílio proclama a centralidade existencial e espiritual de Cristo na fé cristã. Cristo entendido como homem perfeito e perfeito homem, referência da condição humana, como reiteradamente insiste o Vaticano II. Porque a teologia, como a revelação, não quer expressar quem é Deus e terminar com isso sua tarefa, apesar de chamar-se teologia, senão que se propõe a mostrar como é o ser humano autêntico, o que responde ao projeto de Deus que ele nos mostra assumindo a condição humana em Cristo.

O concílio também fez uma reviravolta na teologia da vida religiosa. Melhor ainda: criou uma teologia superando o que havia até então, que se reduzia a questões disciplinares e à casuística. Essa teologia centra a vida consagrada no seguimento de Cristo, e por isso será sempre vida consagrada

Prólogo

comprometida com o Reino. O estilo peculiar de vida terá de ser sinal desse Reino, que já existe na terra como humanidade que terá de se conduzir pelos valores do Evangelho, a partir da convicção da impensável dignidade humana que brota da assunção pelo próprio Deus dessa condição.

4.2. Reumanizar a vida religiosa

Na vida religiosa estão sendo vividos os tempos do "re". Essa partícula está antecedendo todos os verbos que indicam o que é preciso fazer com a vida religiosa; são consultados os diversos documentos de congressos, assembleias, capítulos, nos quais aparecem com grande frequência termos como refundar, refundamentar, renovar, repensar, reinterpretar, reestruturar, revisar, renascer e ressurgir. Tudo com o intuito de encontrar seu sentido, sua atração, sua razão de ser. Mas eu me pergunto: por que não nos centrarmos melhor em "humanizar" a vida religiosa?

Antes de mais nada se exigirá previamente ter boa informação do que é humanizar. Não é evitar o que é difícil de entender para buscar o que todos podem compreender de modo fácil; não é prescindir do específico e significativo para ficar com o que é comum para a maioria das pessoas; não é abandonar o fundamento do mistério, o critério de fé, próprio da vida religiosa, para convertê-la em uma espécie de organização social não governamental; nem esquecer a dimensão contemplativa para ficar apenas com tarefas sociais...

Humanizar sempre será ir ao núcleo do que faz de nós pessoas e deixar que isso guie nossa vida. Ir ao núcleo onde encontramos, como diria *Gaudium et spes* (As alegrias e as esperanças), nossa capacidade de interiorizar, que nos distingue na avaliação do resto do universo; nossa capacidade, ou melhor, nossa necessidade de transcendência e de conectar com o mistério; a maior importância do ser em relação ao ter, que leva a ver na pobreza — não na miséria — a possibilidade mais real de chegar ao ser. Ir ao núcleo no qual sentimos que somos produtos do amor, e levando em conta que somente na medida em que amamos, somos, sem necessidade de atender as legítimas exigências do sexo e sem construir família de sangue; esse é o amor que permite que nos comprometamos, para toda a vida e em plenitude, com outras pessoas, com a finalidade de viver e agir de acordo com as exigências do Evangelho. Humanizar é ir ao núcleo do ser onde – e só onde – Deus se faz presente.

4.3. A vida religiosa como testemunho do caráter humanizador das bem-aventuranças

Um modo de analisar a humanização da vida religiosa seria revisá-la a partir das bem-aventuranças. É o que exige a constituição dogmática *Lumen gentium* em um texto bem conhecido: "Os religiosos, em virtude de seu estado, proporcionam um preclaro e inestimável testemunho de que o mundo não pode ser transformado nem oferecido a Deus sem o espírito das bem-aventuranças" (nº 31). O documento no texto parte da compreensão da estrutura da vida dos religiosos e religiosas — seu estado — como sinal ou testemunho de algo diferente do que é seu estilo de vida. É próprio de todo signo não ficar na materialidade do objeto ou do ato e manifestar algo que emerge da realidade evidente, mas que nela se faz ver ou notar. Os religiosos e religiosas são o que são em função do mundo. Esse mundo terá de ver neles a necessidade de transformar-se de acordo com o espírito das bem-aventuranças.

É claro que, ao acolher as bem-aventuranças, adotamos um estilo de vida que, à primeira vista, parece demasiado excepcional, que não se vê como algo que possa ser exigido de um ser humano. Com isso, cairia pela base a pretensão de querer humanizar a vida religiosa. Ficaríamos no excepcional da doutrina.

Contudo, não é assim que se deve entender. As bem-aventuranças propõem o modo autêntico de ser pessoa, válido, portanto, para todos. Sei que essa afirmação merece ser desenvolvida e fundamentada com mais amplitude; enquanto isso, fiquemos com algo que não encontra dificuldade para ser aceito: as bem-aventuranças são o retrato do próprio Cristo; ele é o primeiro bem-aventurado; ele, que é homem perfeito e perfeito homem.

As bem-aventuranças evangélicas não são normas de conduta de um grupo de elite, mas o projeto de felicidade — de bem-aventurança — para todo ser humano. Projeto de uma felicidade humana, nem animal nem angélica, que não pode ficar à margem da realização do próprio ser, mas, pelo contrário, identificar-se com ela.

Portanto, é um belo desafio à vida religiosa fazer que o mundo acredite que é o espírito das bem-aventuranças que nos faz ser o que somos como pessoas, o que deve animar também nossa vida social. Para que seja assim, temos de incorporar esse espírito ao estilo de vida de nossas comunidades. Insisto, não considero as bem-aventuranças um obstáculo que somos obrigados a superar para sermos religiosos, mas um projeto da nossa própria realização humana.

5. Da excepcionalidade a ser "antissistema" na sociedade

Termino constatando algo que o leitor pode deduzir do que foi mencionado anteriormente: a vida religiosa caminha na contramão da marcha da sociedade. Nada pode refletir isso melhor que apostar em um estilo de vida em harmonia com as bem-aventuranças. Com efeito, a vida religiosa tem muito de antissistema. Não se trata de uma simples provocação, embora pareça isso à primeira vista. Por se tratar de algo instituído, é mais do que um gesto de provocação: é um sistema contrário ao que está em vigor. A vida religiosa deve proclamar que "um outro mundo é possível". Não só possível, mas necessário. Não um mundo de anjos bons, mas um mundo realmente humano. Portanto, não de puros, pois tampouco a vida religiosa é constituída de perfeitos, acreditamos no pecado original e em suas consequências e as sofremos; mas um mundo em que não se justifiquem nem se consolidem situações desumanas. Um mundo no qual se acredite na dignidade humana, naquilo que torna digno o ser humano; em suma, na sua interioridade, na qual descobre como constitutivo do seu ser o amor, a busca da verdade, a vida como um dom, a comunhão, a abertura para o mistério, para o absoluto, para Deus.

Capítulo I
Antropologia e teologia da vida religiosa

O objetivo a que me proponho é fazer ver que a vida religiosa é uma opção existencial, um modo de entender a vida humana como realmente humana. Ser religioso está na linha irrenunciável de viver humanamente. Alguém é religioso como um modo de ser pessoal do jeito mais perfeito possível. E esse é o serviço próprio da vida religiosa, o que lhe dará credibilidade, agora e no futuro.

1. A antropologia e a teologia da vida religiosa

Duas dimensões teológicas que se desenvolveram amplamente depois do Vaticano II são a teologia da vida consagrada e a antropologia. Pretendo fazer ver como esta dá forma àquela, como aquela é uma resposta a esta.

A antropologia do Vaticano II tem uma base teológica: a centralidade de Cristo. A teologia leva à cristologia. Cristo é a revelação de Deus, que é objeto da teologia. Dito isso, ele é também homem, razão pela qual conhecer Cristo é conhecer Deus e o homem. Conhecer Deus como o Deus comprometido com o ser humano, a ponto de assumir a própria condição. Conhecer o homem como ser da mesma natureza de Cristo. O homem, dizia o teólogo Karl Rahner (1904-1985) em uma frase feliz, é um Cristo deficiente.

Iguais a todo mundo?

Os estudos que existiam antes do concílio sobre a vida religiosa se reduziam às exigências dos compromissos morais desse tipo de vida. Estava em vigor, embora já com muitas objeções, entendê-lo como estado de perfeição: obediência perfeita, pobreza perfeita — isso menos — e, sobretudo, castidade perfeita.

Superado esse conceito que deriva da teologia de Santo Tomás, que ele toma do pseudo-Dionísio, que para ele não era pseudo, mas verdadeiro discípulo de Paulo, e de onde vem a autoridade que lhe conferiu — embora o santo falasse de perfeição *adquirenda* (que deve ser adquirida) —, era preciso reinterpretar a vida religiosa.

De acordo com os documentos conciliares e com outros posteriores, a vida religiosa é definida pelo seguimento de Cristo. Esse seguimento pode ser qualificado com o propósito, talvez inútil, de singularizar o estado da vida religiosa em relação ao ser cristão, como radical, mais próximo... O importante é que se trata de um modo peculiar de vida que não procura mais do que esse seguimento. Portanto, não se pode de modo algum compreender a teologia da vida religiosa sem cristologia. E nela se baseia a antropologia que corresponde a essa vida. Com efeito, a cristologia nos diz que Cristo é homem perfeito e perfeito homem, que nele está a resposta à pergunta sobre o que é o ser humano, e a vida religiosa é interpretada como o seguimento mais próximo de Cristo. Em Cristo, portanto, confluem a antropologia e a vida religiosa. Ao seguir Cristo de perto, não se pode ser mais nem menos que verdadeiramente ser humano. Não deve ser outra coisa o que a vida religiosa pretende. Essa é a nossa tese.

2. O que constitui o ser humano (sinopse da primeira parte da Constituição pastoral *Gaudium et spes*)

No número 10, *a constituição pastoral* delineia as grandes perguntas que assediam o ser humano, os desequi-

Capítulo I

líbrios encontrados em seu ser, a diversidade de solicitações que exigem dele um modo de ser e agir. As perguntas que o ser humano faz a si mesmo são: O que é o homem? Qual é o sentido da dor, do mal, da morte...? O que o homem pode dar à sociedade? O que existe depois dessa vida temporal? Todas essas perguntas se resumem na primeira: o que é o homem? *Gaudium et spes* (GS) vai respondendo a ela a partir do número 12. A resposta imediata é ver nele a imagem de Deus, razão pela qual é o centro de toda a criação. Em números posteriores, o documento aborda a constituição do ser humano.

O que constitui o ser humano como diferente e superior ao resto do universo é *a interioridade*, ser capaz de se voltar para o próprio coração; interioridade afetiva, em que descobre Deus e, por seu intermédio, organiza sua vida (nº 14).

GS aproxima-se do ser humano desde a perspectiva da dignidade. Essa dignidade tem várias manifestações: dignidade da inteligência, verdade e sabedoria (15); dignidade da consciência moral (16); grandeza da liberdade (17); o eterno do ser humano (18); a busca de Deus diante do ateísmo (19, 20, 21). Sempre em relação a Cristo como homem novo (22).

O capítulo 2 trata da comunidade humana. O ser humano é ser humano na comunidade, na sociedade. Mas que tipo de sociedade? Regida por quais fatores? Qual é o lugar de cada um de seus membros?...

O capítulo 3 aborda a "atividade humana". O ser humano transforma o mundo, a natureza, com sua atividade. Também constrói a sociedade e constitui a si mesmo. Como há de ser essa atividade? O que se pretende com ela?

3. Vida religiosa e humanização na Constituição dogmática *Lumen gentium*

A melhor exposição que podemos oferecer da dimensão humana da vida religiosa é encontrada em um texto de *Lumen Gentium* (LG). Por isso, apesar de sua amplitude, acho que vale a pena transcrevê-lo.

LG 44: *Fique, enfim, bem entendido que a profissão dos conselhos evangélicos, embora leve consigo a renúncia de bens que indubitavelmente têm grande valor, sem embargo, não é um impedimento para o desenvolvimento da pessoa, mas que, por sua própria natureza, a favorece grandemente. Porque os conselhos evangélicos, aceitos espontaneamente de acordo com a vocação pessoal de cada um, contribuem, não pouco, para a purificação de cada um e para a liberdade do espírito, excitam continuamente o fervor da caridade e, sobretudo, como se demonstra com o exemplo de tantos santos fundadores, são capazes de tornar mais semelhante a vida do homem cristão à vida virginal e pobre que Cristo Nosso Senhor escolheu para si e que sua Mãe, a Virgem, abraçou. Ninguém pense que os religiosos, por sua consagração, se tornam estranhos à humanidade ou inúteis para a cidade terrena. Porque, embora em alguns casos não estejam diretamente presentes junto de seus coetâneos, os têm, contudo, presentes, de um modo mais profundo, nas entranhas de Cristo e cooperam com eles espiritualmente para que a edificação da cidade terrena tenha sempre como base Deus e se dirija a ele, para que não trabalhem em vão os que a edificam. Por isso, esse Sínodo Sagrado confirma e louva os homens e as mulheres, os irmãos e as irmãs que, nos mosteiros, nas escolas e nos hospitais ou nas missões, ilustram a Esposa de Cristo com a constante e humilde fidelidade em sua consagração e oferecem a todos os homens generosamente os mais diferentes serviços.*

Capítulo I

Poderíamos mudar a linguagem, usar outros termos, mas o que se quer dizer está claro: ser religioso ou religiosa não implica renunciar a ser pessoa, mas o *favorece grandemente*. Trata-se de um modo eloquente de ser pessoa. Eloquente, porque serve de referência para quem quer sê-lo, para quem o proclama. Tanto na dimensão individual como na sociedade que as pessoas formam a sociedade humana.

A vida religiosa é um desafio claro à condição humana. Seu fundamento teológico é sua definição como seguimento radical de Cristo com um estilo próprio que chama a atenção pelo que tem de distanciamento em relação ao estilo de vida generalizado, como chamou a atenção a vida de Jesus de Nazaré. Cristo "revela plenamente o homem ao próprio homem" (Carta encíclica *Redemptor hominis*, 10), e essa é a missão da vida religiosa: revelar ao homem o que supõe que ele seja. O documento pós-sinodal *Vita consecrata* mostrará que a vida religiosa vem a ser um prolongamento da humanidade de Cristo. Ela há de manifestar isso com o próprio estilo de vida.

4. A humanização da vida religiosa na reflexão contemporânea

O congresso internacional sobre a vida religiosa a que aludimos na apresentação do prólogo tinha como lema: "Paixão por Deus, paixão pela humanidade". Desde os documentos conciliares, a reflexão sobre o ser da vida religiosa, em plena revisão do seu ser e missão na Igreja e no mundo, destacou diferentes aspectos da condição humana. A partir da década de 1970 insistiu-se na opção pelo pobre, algo a que a vida religiosa sempre foi sensível; em suma, os diferentes carismas fundacionais. Entretanto, até os anos 1980, do século passado, houve uma reviravolta até na própria pessoa do religioso, não apenas na sua missão. Foi na época em que se insistiu na dimensão afetiva. Foi preciso audácia e inteligência, e não pouca sinceridade, porque era um aspecto que não se havia desenvolvido ao apresentar o ser do religioso. A nova consideração da castidade, além das exigências da continência, apresenta o voto como um compromisso afetivo, o que exigia que se discernisse como há de ser esse compromisso em quem renuncia a construir uma família. Entrados já na década de 1990, uma nova reviravolta procura a razão teologal da vida religiosa. Havia certo medo de se perder de vista o horizonte, por centrar-se nas circunstâncias do caminho. Mais do que insistir em convicções a respeito de Deus, pretendia-se chegar à experiência desse Deus. Mais do que simplesmente conhecê-lo, buscava-se apaixonar-se por ele. O congresso de 2004 se limita a saber como unir a paixão por Deus com a paixão pela humanidade. Estamos em um tempo no qual o humano está sujeito, no mundo do pensamento, a processos redutores. Reduz-se o ser humano a ser um simples produtor ou consumidor, um "macaco desnudo", embora "macaco com sorte", a um fio do tecido social. No mundo do religioso, ainda em certos setores, o humano é visto como alternativa para o divino, como o que está marcado pelo pecado. É preciso estabelecer que a paixão por Deus e a paixão pela humanidade são uma única paixão. Esse é o único modo de entender, ou melhor, de experimentar Deus e o ser humano na fé cristã.

5. Proposta para nossa exposição

Mantemos a divisão que vimos em *Gaudium et spes* em três aspectos da condição humana e da sua dignidade: considera-se, em primeiro lugar, o ser humano em si mesmo; em segundo lugar, o ser humano constituindo-se comunidade; e,

Capítulo I

em terceiro lugar, o ser humano atuando no mundo; e tratamos de mostrar como as exigências da vida religiosa não são outras que as de desenvolver essa dignidade. Uma vida religiosa retamente entendida, estruturada e vivida não consegue apenas a humanização de seus membros, mas, por seu intermédio, tem em mira a sociedade humana e desempenha papéis essenciais de humanização: é muro de contenção diante dos processos de desumanização que se desenvolvem na sociedade; é uma chamada de atenção simbólica para que se tome consciência desse processo e se avance até sistemas sociais mais humanos configurados por verdadeiros seres humanos; e é terapia que propõe caminhos para se reencontrar com a "humanidade".

A vida religiosa não é, portanto, um apêndice irrelevante da sociedade humana, uma exceção curiosa à margem da sociedade humana autêntica, mas que, por vocação, se sente chamada a tomar a palavra, literalmente, sobretudo mediante seu estilo de vida, e prestar ao ser humano o grande serviço de ajudá-lo a se encontrar consigo mesmo.

Para isso, mostraremos, em primeiro lugar, os aspectos que, sendo próprios da vida de cada religioso como tal, são também constitutivos do ser humano. Esses aspectos serão a interioridade e o que isso implica: a dimensão religiosa ou transcendente; a maneira de lidar com os bens, que no religioso está expresso no voto de pobreza; o exercício da liberdade, que no religioso é realizado em compromissos definitivos que ele contrai e na vinculação dos seus interesses com os da comunidade, ou seja: o que implica a obediência; a dimensão afetiva, entendida como a que o torna mais livre e permite que os afetos caminhem até relações de amizade, exigências da castidade da vida religiosa. Depois se tratará de mostrar como o estilo comunitário de vida proclama um estilo de

Iguais a todo mundo?

comunhão próprio da Igreja e um modo novo e mais humano de entender a solidariedade. Finalmente, a atividade a que o religioso se dedica, por sua motivação e pelos objetivos que pretende, é tarefa que se desenvolve no intuito de prosseguir até uma sociedade e um mundo mais humano.

6. Destinatários

Quando abordamos esta exposição, não nos anima um espírito apologético de defesa da vida religiosa, às vezes tão incompreendida, até mesmo em ambientes eclesiásticos, mas a pretensão de que os religiosos tomem consciência de que, como diria Machado, "por mais que valha um homem, nunca terá um valor mais alto que o de ser homem".[4] A vida – as estruturas da vida religiosa – ou caminha até a construção de uma pessoa e de uma sociedade humana ou deixa de ter sentido.

---

4. MACHADO, Antonio. *Juan de Mairena*, Madrid: Cátedra, 1986, XLVIII.

Capítulo II
Vida religiosa e interioridade

"O homem não se engana ao afirmar sua superioridade sobre o universo material e ao não se considerar seja como partícula da natureza, seja como elemento anônimo da cidade humana. Com efeito, por sua interioridade, ele é superior a todo o universo; ele volta a essa profunda interioridade quando entra dentro de seu coração, onde Deus o aguarda, perscrutador dos corações, e onde ele pessoalmente, sob o olhar de Deus, decide o próprio destino" (GS 14).

1. Afirmações rápidas sobre a interioridade

A interioridade não é uma questão de místicos; ela é própria de toda a condição humana, é sua expressão mais significativa, tal e qual indica o texto de GS. A interioridade é o que situa o ser humano no lugar privilegiado que tem no universo, constituindo-o em seu centro. Por sua vez, no centro de si mesmo, no mais interior e definitivo do seu ser, está o seu coração: ali ele descobre Deus e ali decide seu destino. Afeto e decisão livre desde a intuição do mistério de Deus – esse é o ser humano. A interioridade exclui viver na frivolidade do epidérmico – também do epidérmico da fé –, leva-o a descansar no ponto essencial.

O ser humano, por ser humano, exige a interioridade, que o define mais e melhor do que a denominação de "animal racional". Eckhart dizia que o "homem exterior", sem interioridade, é gado. O mesmo dizia Santa Teresa de Ávila quando afirmava que onde não existe interioridade existe "bestialidade", ou seja, irracionalidade.

2. Desenvolvimento dessas afirmações

2.1. Interioridade não é egolatria

Interioridade não é a busca de si mesmo de maneira ególatra para se pôr no centro de tudo e pretender que tudo gire em torno de si, de modo que nossos interesses deem a verdadeira medida de tudo. Não é assim porque, ao se aprofundar no seu ser, o ser humano descobre que precisa estar voltado para fora — mas a partir de dentro! A interioridade não é justificativa para viver de costas para o outro, indiferentes ao que acontece fora de si mesmo. Esse é o intimismo hipócrita — burguês — de quem, por não enfrentar seus problemas no mundo e na sociedade, se fecha em si mesmo. Às vezes apresenta como justificativa que Deus lhe basta. Interioridade não é se encapsular.

Conhecer a si próprio é captar que o seu ser é um ser social, que é o que é: uma pessoa, pela sua relação com o outro, que pertence à sua vida, que não lhe é alheio. Sem o outro não se é pessoa. O que expressa a dimensão real da interioridade é o coração, diz a GS, isto é, tudo o que se refere aos nossos afetos. Os afetos exigem a existência de outro ou de outros na nossa vida. Excluir o amor é anular-se como pessoa. Se o amor não rebaixa o nosso ser, se os interesses que nos movem não superam o egoísmo, estamos nos destruindo como pessoas.

Os afetos, na medida em que são sinceros, implicam a tomada de decisões. Não se reduzem a simples reação interior, "sentimental". Amar é atender ao necessitado. Agimos como seres humanos quando o fazemos a partir do nosso interior, a partir do mais interior, a partir dos afetos.

Feito isso, o coração precisa da luz da mente que procura a verdade para saber o que amar, por que se sentir motivado, que decisões tomar. Algo que pertence ao nosso mundo interior. Essa luz exige que estejamos abertos ao que vem de fora, de Deus.

2.2. O íntimo do ser, lugar da presença de Deus

O interior é o lugar — o único — de onde descobrimos Deus. Lugar, portanto, onde nos encontramos com nós mesmos desde a perspectiva de Deus ou a Deus como fundamento e fim de nossos anelos. Santo Agostinho diz isso em um belo texto: *Onde eu estava quando te buscava? Estavas à minha frente, mas, longe e fora de mim, eu não achava a mim mesmo e muito menos a ti.*

3. Interioridade realizada na vida religiosa. A vida religiosa como ícone da interioridade

"Deveis ser, queridos padres agostinianos, os 'pedagogos da interioridade' a serviço dos homens do terceiro milênio que procuram a Cristo. Não se chega a ele por um caminho superficial, mas pelo caminho da interioridade. É o próprio Santo Agostinho quem nos lembra que somente penetrando no próprio centro interior de gravidade é possível o contato com a Verdade que reina no espírito" (cf. *De Magistro*, 11, 38), dizia João Paulo II aos agostinianos.

3.1. O difícil uso da interioridade na nossa sociedade

Nossa sociedade tem um ritmo de vida acelerado, não deixa tempo para ir ao fundo. No entanto, interessa-lhe o que é visível, a aparência, o que permite que se faça um juízo rápido; deixa à margem o real quando não se manifesta imediata e claramente, não quer ficar sem opinião a respeito seja lá do que for, e por isso "julga pelas aparências".

Além de criar obstáculos para que o ser humano tenha a oportunidade de procurar o fundo das coisas e dos acontecimentos, sua razão última, isso desumaniza. O próprio ser humano é considerado como um objeto, sobretudo do mercado; ele é o que compra, produz e consome.

O drama da cultura atual é a falta de interioridade, a ausência de contemplação. Sem interioridade, a cultura carece de entranhas, é como um corpo que ainda não encontrou sua alma. Do que é capaz a humanidade sem interioridade? Lamentavelmente, sabemos muito bem a resposta. Quando falta o espírito contemplativo, não se defende a vida e todo o humano se degenera. Sem interioridade, o homem moderno coloca em perigo a própria integridade (João Paulo II, Encontro com os jovens em Madri, maio de 2004).

3.2. Interioridade e vida religiosa

Diante disso, a vida religiosa se baseia na capacidade de entrar dentro de si mesmo, se caracteriza por saber superar a tentação de se deixar arrastar por impulsos mais fortes: possuir, ter prazer, poder ou pelo estilo de vida vigente, simplesmente porque é o vigente.

Não se pode ser religioso e superficial. Não se pode ser religioso somente porque se descobre o fundamento do que somos e da nossa vocação. A vida no claustro não se justifica pelo que fazemos, pela aceitação que a comunidade nos dispensa ou porque se leva um estilo de vida sem os vícios próprios do nosso mundo. Se é religioso por um compromisso do ser, por sentir-se em união com Cristo, consagrado a Deus. Se é religioso e se vive como tal, embora não se possam realizar atividades importantes. Do mesmo modo que se é pessoa estando doente e inútil para a ação, e não valorizado na sociedade. Como se é pessoa, se é religioso.

Isso é verdade, mas disso não se pode deduzir que chegamos à interioridade espontaneamente apenas porque somos religiosos. É preciso propor-se a isso. É necessário mergulhar em nosso ser.

3.3. A vida religiosa, ícone de interioridade

É próprio da vida religiosa ser sinal do valor da interioridade. Uma vida interior profunda não é imediatamente visível, não tem caráter de sinal. Só pode ser conhecida pelos seus "frutos". Esses "frutos" serão o ícone, o sinal da interioridade. Talvez não sejam vistos de imediato, mas acabarão aparecendo, como o oculto de que fala o evangelho que acabará aparecendo à luz.

Valha como manifestação visível diante do mundo, dessa interioridade oculta, mas real, que na vida religiosa se dá valor às pessoas pelo que elas são, e não pelo que fazem. Não se estabelecem diferenças essenciais por aspectos acidentais na comunidade. A vida religiosa é uma profissão de fé na igualdade do que somos, enquanto a sociedade estabelece as categorias das pessoas por aspectos acidentais. Outra manifestação de vida interior será a inquietação pelo encontro com o mistério de Deus, como também por não incorporar à vida os valores em moda, os valores vigentes na sociedade, mas outros menos aparentes, porém mais humanos. Ou ser capaz de procurar o que é realmente bom sem esperar o aplauso social; não se preocupar com nenhum protagonismo com o intuito de entender a vida como um dom gratuito.

4. O ambiente no qual cresce a interioridade que gera a vida religiosa

4.1. O silêncio

Nosso mundo e o silêncio

É um mundo de palavra pronunciada e de pouca palavra ouvida, no qual o desejo mais forte é ser mestre sem passar pela etapa do discípulo. Basta dar ouvidos aos meios de comunicação: com que facilidade se emitem opiniões como dogmas sobre qualquer coisa, com que facilidade e de que modo mais categórico se rotula o outro! Toda a rapidez que se usa para as asseverações corresponde à prontidão com que se cerca o processo de informação e reflexão. Não se ouve.

O ruído é o ambiente normal (substitui a música ou esta se converte em ruído entre os jovens). Esta é uma sociedade que não resiste ao silêncio. Talvez porque este grita forte demais o que não se quer ouvir. Viver é viver aturdidos.

Vida religiosa e silêncio

A procura da intimidade com Deus presume a necessidade vital de um silêncio de todo o ser, tanto para aqueles que encontrarão a Deus, até mesmo em meio ao tumulto, como para os contemplativos (ET 29). Para chegar a essa intimidade, eles precisam do silêncio de todo o seu ser, e isso requer zonas de silêncio efetivo e uma disciplina pessoal para facilitar o contato com Deus (João Paulo II na reunião plenária da SCRIS).

Não se pode compreender a vida religiosa sem o silêncio. Daí decorrem normas rigorosas encontradas em várias constituições. *Sacratissima silentii lex* (A lei do sagrado silêncio), dizia a tradição dos dominicanos, sem dúvida exagerando. Chamava-se o silêncio, sem nenhum exagero, de "o pai dos pregadores".

Silêncio, não de sonho, mas de escuta. Não só de não falar, mas de estarmos atentos. A Deus e ao irmão. De escuta seleta. Atenta-se contra o silêncio quando a escuta é dedicada ao intranscendente e se evita ouvir o transcendente. Ser discípulo, calar para aprender o que dizem "os gritos do silêncio", é isso o que se necessita para ouvir o que só se ouve quando não achamos que sabemos tudo e sentimos a necessidade de que nos ensinem.

Silêncio que permite que se viva em liberdade, "donos do silêncio, escravos da palavra". Liberdade que surge do valor que damos às palavras, de saber o que se quer dizer com elas, porque foram meditadas no silêncio. Quando a palavra surge de um prévio silêncio, é uma palavra livre (como a criação é um ato livre de Deus porque sua palavra foi a criadora, diz Santo Tomás). E deverá surgir em momentos concretos, para não cair em silêncios cúmplices de desumanidades.

O silêncio dá a opção para sentir-se amado e para perceber que se vive no âmbito do amor. É difícil que o amor surja em meio ao estrépito ou dos ritmos acelerados. É preciso bebê-lo lentamente, e vivê-lo assim.

O que diz ao ser humano o silêncio da vida religiosa

O silêncio é a alternativa para um mundo de ruídos. O ruído faz explodir nosso interior e o reduz a sensações dispersas. Ele atenta contra a unidade do ser.

O valor terapêutico da vida religiosa está expresso em vários documentos oficiais. Na sociedade tem o efeito de cura. Uma medicina que a vida religiosa oferece é saber procurar o silêncio, viver nele.

Às vezes vemos pessoas que procuram o claustro para experimentar o silêncio. Para começar, o silêncio físico. Também para ouvir algo diferente do que normalmente ouvem. É essencial que a vida religiosa se distinga por saber selecionar e dar valor às informações. O que se ouve? O que se vê? Os religiosos que têm a mesma informação que se tem fora do claustro veem os mesmos programas, leem os mesmos livros..., nada sabem do silêncio, e deixam de ser sinal. Sua vida não diz nada aos outros.

4.2. Solidão

Nosso mundo e a solidão

É uma constatação que a solidão é temida, não desejada, no mundo. O cidadão de hoje em dia prefere perder-se no todo ou quebrar a cabeça para fazer ver como está desempenhando seu papel. Seja como for, ele não é nada se não se vir no meio dos outros, rodeado por eles. A própria afirmação não existe sem que ele estabeleça comparações com os outros e, se for possível, ver-se em lugar de destaque.

Imagem negativa da solidão

- "Não convém que o homem esteja só." Antes da mulher, quando o homem ainda não era varão, sua humanidade era pobre, apesar de estar acompanhado pela natureza e viver no paraíso. Era uma solidão sem comunhão (catequese de João Paulo II, out.-nov. de 1979).

- Ou a "solidão sem caminho", que o salmo expõe como um castigo. A solidão do extraviado, do perdido na vida, de quem não tem onde se abrigar e não sabe para onde ir, sem rumo, em meio ao mar da vida, nas encruzilhadas em que ela nos coloca (não quero alma que viaje sozinha, costumava dizer a santa de Ávila).

- A solidão do que se sente abandonado, esquecido, mais um número em meio ao ruído, do ir e vir de cada dia (GS 14), no meio da multidão indiferente.

Imagem positiva da solidão

- A solidão é positiva quando entendida como encontro de alguém consigo mesmo, quando não se está assediado pela angústia de pessoas e acontecimentos que se cruzam na sua vida. Assim entendida, é âmbito de plenitude humana. Porque a pessoa é mais importante do que o que acontece ao seu redor. Escapa de estar sempre atropelada ou envolvida pelo trânsito de pessoas... e estabelece distâncias. Procura espaços e tempos para, a distância, conhecê-las e amá-las mais.

- É, também, encontro com o outro, em um âmbito diferente do encontro de todos os dias e rotineiro no lugar que ocupa ou lhe é cedido no tecido social; é encontro em seu ser.

- Encontro com Deus, ausente em uma sociedade do imediato, da aceleração, da confusão. A solidão do que procura se ver tal qual é diante de Deus e diante do outro, e dedica tempo para encontrar-se com Deus. Repele-a quem foge da solidão porque não se sente em boa companhia consigo mesmo nem com Deus. Na sociedade existe o medo desses encontros e, portanto, medo de se ver tal como se é em meio ao contínuo fluxo de pessoas e acontecimentos. Enfim, medo da verdade.

- A solidão, enfim, daquele que se valoriza em sua dignidade, em suas possibilidades, e exige que se encontrem espaços e tempos para estar só com vontade de tomar consciência disso.

Vida religiosa e solidão

Consequentemente, precisam viver com realismo o mistério do "Deserto" ao qual seu "Êxodo" os conduziu. Esse é o lugar onde, apesar da luta contra a tentação, o céu e a terra — de acordo com a tradição — se juntam, no qual o mundo, terra árida, torna-se o paraíso... e a própria humanidade chega à sua plenitude (VS III, AAS 1969, 681).

A vida religiosa se desenvolve na comunidade. A comunidade exige comunhão. A comunhão se realiza na comunicação. Para isso é preciso ter algo para comunicar. A pessoa se faz, sem dúvida, no contato com os outros. Não se trata, portanto, de estar só, mas de procurar momentos de solidão para não se diluir no todo e analisar como se vive a comunhão, que se oferece, que se recebe.

Deus está na comunidade e na comunicação, mas esse Deus foi experimentado, esse Deus falou na solidão. O deserto é o ícone da solidão. Cristo, antes de começar sua missão, passou uma temporada de solidão, de deserto. Momento de discernir como haveria de realizar sua missão no meio do povo.

Na solidão se assume que é o momento de tentação, pela mesma razão que é o momento de discernimento, como aconteceu com Cristo. Momento de privação, de austeridade, porque é o momento de busca do essencial, da verdade. Ele permite que vamos ao fundo do que somos, privando-nos do que não é essencial: essa é a austeridade autêntica.

Capítulo II

É um momento, portanto, essencialmente humano, no qual se vive sem ser mediatizado pelas instâncias da convivência social. Por esse motivo, a comunhão não necessita de muita comunicação com o outro, para deixar um caminho mais direto e imediato para Deus. Onde não se procuram as aparências: na solidão não nos mostramos a ninguém, é o espaço da verdade que somos.

Mas tem um fim. Como acontece na solidão do Tabor, é preciso descer da montanha, ou como a do deserto de Jesus. O ser humano se faz na convivência.

5. Consequências da interioridade

5. 1. Capacidade para assumir as situações adversas

Sofrimento, frustração... no nosso mundo

Não existe vida humana sem o encontro com a dificuldade, sem as experiências de fracasso ou de frustração, de sofrimento. A sociedade se defende como pode dessas experiências. Em princípio, não aceitamos que as coisas sejam assim. Quando acontecem, não é fácil enfrentá-las. Situações de depressão, de escapismos para drogas que camuflem a realidade, rebeldia crônica que gera amargura também crônica, ou, se a frustração é a de alcançar objetivos nobres que havíamos proposto a nós mesmos, retirada para zonas tranquilas, burguesas.

Não faltam, aliás, exemplos de lutadores que não se resignam em se deixar vencer por situações frustrantes. Nós os encontramos mais frequentemente quando se trata de superar crises econômicas, de saúde, de lugar na sociedade do que quando a frustração é de querer alcançar níveis morais, religiosos ou de realização pessoal dignos. Nesses casos, é fácil declarar-se vencido.

Sofrimento, frustração... na vida religiosa

Certamente, na vida religiosa, passamos por essas mesmas experiências. Não deixam de existir reações que indicam que não somos capazes de superá-las ou de lhes dar sentido, e que, pela mesma razão, atentam contra o que se deseja ser como pessoa.

Nessas experiências se põe à prova a verdade do que somos, nossa força interior. Na luta, e a vida é milícia, dizia Jó, encontramos a paz: não a do cemitério, mas a dos que "fazem violência contra si mesmos". Para conseguir a paz, é necessário estar bem armado para resistir. Para isso, é preciso ter uma profunda vida interior. A fortaleza se manifesta mais na resistência do que no ataque, dizia Santo Tomás.

É preciso ter densidade interior, o que permite reciclar situações complicadas da vida, levá-las à unidade do essencial, que é o mais denso e sólido. (*Amor meus, pondus meum*, dizia Santo Agostinho, "o meu amor é minha firmeza" — a minha força de gravidade, diria hoje — que me leva ao lugar natural onde devo repousar, ou seja, a Deus.)

Como reagir

Isso implica não ser joguete dos acontecimentos e conduzir a vida, não ser conduzido por ela como uma pluma pelo vento. Saber, por isso, manter-se firme no meio das dificuldades.

Trata-se, também, de ser livre diante das mutações da existência, especialmente quando elas são contrárias; trata-se de não se deixar escravizar, de não se deixar esmagar por elas.

Temos de ser autênticos. Somos escolhidos e, às vezes, por isso, nos julgamos melhores por sabermos que fomos selecionados para a vida religiosa. Por isso, tendemos a nos des-

Capítulo II

culpar pelos defeitos, para não rebaixar nossa "dignidade". O que somos institucionalmente, quando se impõe à realidade do que cada um é, é uma hipocrisia, uma mentira ou, pelo menos, uma falsidade. Temos de ser sinceros com nós mesmos, principalmente com nossas misérias.

Nossa "fortaleza" diante do mundo

A vida religiosa tem de ser ícone de fortaleza interior, sem renunciar a sentir-se fraco. Não se é religioso se estamos frustrados ou se buscamos compensações fáceis diante das situações adversas.

Não se trata de ser mais forte que os outros, pois somos fracos e pecadores; trata-se de saber e confessar que a força não está em nós mesmos e que continuamos confiando no Deus que não a dá.

O mundo exige de nós essa fortaleza que lhe falta, como coerência com aquilo em que acreditamos. Seríamos antissinais, se ficássemos esmagados pela adversidade.

5.2. A alegria radical. Alegria enraizada no fundo da pessoa que resiste às circunstâncias tristes

A alegria no nosso mundo

Não convém carregar nas tintas, como às vezes se faz, a respeito da angústia em que vive o ser humano. Acho isso um exagero. Nas estatísticas que se costumam fazer não aparece essa situação como a mais generalizada. O homem e a mulher de hoje, de sempre, sabem o que é a alegria. Alegria pela família em que vivem, pelo que fazem no trabalho, nos momentos de diversão, de expansão. Trata-se de uma alegria de momentos mais ou menos duradouros, que convive com outros

Iguais a todo mundo?

momentos de tristeza. Os filhos são uma alegria em qualquer família; são também motivo de preocupação e, não poucas vezes, de tristeza. Contudo, se nos dedicarmos a observar os semblantes das pessoas com as quais cruzamos na cidade, não estaremos muito inclinados a dizer que, predominantemente, exprimem alegria.

A alegria na vida religiosa

Ninguém pode renunciar a ser feliz neste mundo. Por isso, o programa de Jesus é de felicidade: as bem-aventuranças. Somos religiosos porque gostamos de sê-lo. Não por penitência. Não para expiar os pecados. Um religioso sem capacidade para rir e desfrutar a vida não é sinal de nada. Dá pena e repulsa. Repulsa pelo que significa. O religioso precisa desfrutar a vida comunitária, o tempo de cela, oração, trabalho, solidão e silêncio. Ele não vive sob a pressão da regra. O religioso descobriu o positivo, o bom, o belo, o útil da sua vida. E em situações difíceis não perde a esperança.

A alegria é vivida na ascese, não apesar dela, exigida pela vida religiosa, como também pela vida humana. "Desse modo, os religiosos também darão testemunho da relação misteriosa que existe entre a renúncia e a alegria, entre o sacrifício e a grandeza de coração, entre a disciplina e a liberdade espiritual" (ET 29). (SCRIS, março de 1980.)

Tudo isso porque existe um enraizamento em Deus. Porque o religioso e a religiosa sabem da "presença do Noivo". Porque sabem que são criaturas que surgem do amor de Deus e caminham para ele, ou seja, porque sabem que são seres humanos.

Capítulo II

A alegria por ser religioso diante do mundo

O testemunho mais eficaz dado pelos mosteiros às pessoas é a alegria dos que vivem ali. Há pessoas que não conseguem imaginar que, não podendo desfrutar o que o resto das pessoas "possui", se possa ser feliz. Nada dá mais o que pensar do que o prazer do religioso.

A alegria dos religiosos e das religiosas proclama a importância do ser sobre o ter. É uma manifestação de onde está a verdade do que somos. Deus nos ama pelo que somos. Sempre há lugar para a festa se, apesar de sermos pecadores, frequentarmos a casa do pai.

Não é alheia a isso a exigência feita aos religiosos encontrada em *Lumen gentium* de convencer o mundo de que somente ele pode ser transformado pelo espírito das bem-aventuranças, isto é, pelos motivos reais que nos fazem felizes, de acordo com o programa de Cristo.

Capítulo III
A dimensão religiosa do ser humano e a vida religiosa

1. A dimensão religiosa pertence à essência do ser humano

1.1. O ser humano, "homo religiosus" (homem religioso)

Com a pretensão de ser a "religião" oficial, podemos dizer que essa afirmação está mais do que confirmada desde que apareceu tardiamente na história, em âmbitos ocidentais e em contextos cristãos, o ateísmo. Os estudiosos da história e da pré-história, assim como da antropologia cultural, chegaram à conclusão de que, desde o momento em que apareceu sobre a terra um exemplar da nossa espécie, um ser humano, procurou — e continua procurando — o contato com o mistério que o transcende, seja o espírito dos mortos ou o da própria natureza, sejam os astros, a terra, os animais ou as plantas sacralizados, os diversos deuses ou uma divindade única. O homem começa a ser religioso ao mesmo tempo que começa a ser humano. Os vestígios de que houve atividades religiosas, como os sepultamentos, são os primeiros que denunciaram a existência do que chamamos de ser humano. Essa é a primeira característica que o distingue do animal.

Entendo por religião o que leva a se relacionar com o mistério que nos transcende, com Deus, ou deuses, ou espíritos. O *homo religiosus* aparece ao mesmo tempo do *homo loquens* (homem que fala), isto é, quando aparece o *homo*. Hoje, o sentimento do religioso continua presente na condição humana. Tão presente que alguns dedicam, ou dedicaram, sua vida inutilmente a extingui-lo. Para outros, ele é o único que permite que eles superem situações de fortes conflitos existenciais, o que conduz sua vida, e é a esse sentimento que eles se agarram.

O esforço que muitos fazem para conseguir negar isso, e para que desapareça o religioso da conduta pessoal e social humana, é um argumento a favor. É impossível desterrar do ser humano essa tendência. Como de modo semelhante se pode tentar, e com frequência se tenta, reduzir o amor à atração sexual ou às relações biológicas entre progenitores e crias e acaba em fracasso, porque no homem e na mulher surgem amores desinteressados, sem conotações sexuais, como o amor de amizade, de aproximação do necessitado, embora seja um estranho... Não se pode entender o ser humano sem o amor, a não ser que se queira reduzir o seu ser ao de um simples animal. O mesmo aconteceria sem a obscura presença do mistério na vida. E, com o mistério, a presença do sagrado.

O religioso, por ser a expressão do absoluto interiorizado por nós, acaba tendo a última palavra, a mais absoluta e universal. Ele não cede diante de nenhum outro motivo, de nenhum outro sentimento. Nunca é algo tangencial. Faz parte, embora fique esquecido durante grande parte da vida. Quando aflora, tem a última palavra.[5]

---

5. O espírito religioso é tão forte em culturas e religiões animistas, em geral muito primitivas, que se costuma dizer que são os mortos, cujos espíritos estão presentes na vida dos vivos, os que regem suas vidas.

Capítulo III

O culto é a manifestação comunitária do religioso. Porque a religião sempre tem uma manifestação social, comunitária, que não fica reduzida ao âmbito interno. Ela precisa expressar-se. Como são vários os que professam essa mesma religião, as expressões serão coletivas. Surgem assim as práticas do culto, muito diversas, das diferentes sociedades. Do ponto de vista histórico, os grupos com as mesmas práticas religiosas não correspondem à união de indivíduos com a mesma religião, mas grupos unidos por motivos de sangue ou por coincidência no espaço desenvolvem uma religião comum, com práticas religiosas externas comuns. A religião participa da constituição do grupo.

1.2. Culto religioso e vida

Em algumas religiões, em resumo, nas proféticas, como a cristã, o culto não é o mais importante, mas procura-se um estilo peculiar de viver, uma ética global. São religiões que veem no divino uma exigência de reordenar o humano, além de restaurar o culto que lhe é devido. Por exemplo: na nossa fé, continuação do judaísmo, o amor e a atenção ao necessitado são mais importantes que o culto.

Nessas religiões, o religioso faz referência às práticas de reconhecimento, de súplica ou de ação de graças à divindade ou de reconciliação com ela: abarca tudo o que se engloba, nas diferentes práticas do culto, nas relações imediatas com a divindade. Aplica-se a dimensão religiosa, considerada nesse sentido restritivo, a uma dimensão da vida humana, não a engloba por inteiro. Dimensão, sem dúvida, de grande relevo, como é essa referência do ser humano à divindade. Vamos tratar dessa dimensão do religioso.

2. Nossa sociedade e o religioso

2.1. Movimentos antirreligiosos

Não há dúvida de que todos somos herdeiros dos movimentos ateus que aparecem na nossa cultura cristã ocidental a partir do século XVIII. Pertencem a eles, primeiro, o iluminismo francês; depois, os movimentos sociais anarquistas e marxistas; o positivismo de Comte, que situa a religião em um estágio, já superado pela humanidade, que leva ao cientificismo e ao biologismo, cuja atitude cognoscitiva é não querer ver além do que a experiência sensível oferece. Também se incluem nessa tendência antirreligiosa movimentos messiânicos que acham que, para salvar o ser humano, é necessário matar Deus, como acreditava o filósofo alemão, Friedrich Nietzsche (1844-1900), por exemplo. Sem nos esquecermos, é claro, dos movimentos pós-modernos que desconfiam das grandes construções do pensamento e se detêm nos simples relatos do que acontece sem elevar a vista sobre eles nem se aprofundar na sua razão última.

O ateísmo adquiriu caráter de opção política generalizada e obrigatória nos regimes comunistas. Quando esses regimes desmoronam, aparece o que talvez estava oculto, as manifestações religiosas no mesmo povo. No que se denominou mundo livre, o ateísmo se estende amplamente por setores da sociedade, como o dos intelectuais, políticos, científicos... De estados aconfessionais, como são os ocidentais, em alguns casos se pretende esquecer o religioso como não existente ou irrelevante. Trata-se de viver como se Deus não existisse, segundo frase do teólogo alemão Dietrich Bonhoeffer (1906-1946). Acontece então que, ao negar Deus, surgem os ídolos. Como já dissemos, o problema da nossa sociedade ocidental não é o ateísmo, é a idolatria; Deus é substituído

Capítulo III

por deuses: adora-se o poder, ou formas concretas do prazer, ou do ter. "Tudo isto eu te darei se me adorares." Jesus superou essa tentação: só a Deus se adorará; mas a sociedade caiu nela. Esses ídolos rebaixam a condição humana: desumano é reduzir o ser ao ter, ao poder ou ao simples prazer. O Deus cristão, o Deus negado de modo especial pelas correntes ateias, é o que garante a dignidade do ser humano; acercar-se dele é aprofundar-se no que há de mais nobre da condição humana.

Enfim, entre os crentes, tornou-se comum a despreocupação a respeito do religioso, entendido, como já indiquei, como aquilo que motiva e regula nossa relação de culto com Deus. São os assim chamados "não praticantes", nos quais não há renúncia total ao culto, mas às práticas religiosas oficiais, missas, sacramentos..., embora mantenham — dizem — seu contato peculiar com Deus.

2.2. Surpreendente reação: a busca de Deus

À medida que isso acontece e o laicismo parece ganhar terreno, fala-se de um "renascimento religioso", surge uma "geração de buscadores", como passou a ser chamada, que se aproxima do religioso, que pretende um desenvolvimento da espiritualidade mais ou menos religiosa, "difusa", como a denominam. Curiosamente, não estão ausentes fenômenos coletivos de credulidade em esoterismos irracionais. Sem esquecer que, ao querer ressuscitar ou fortalecer tradições culturais, emerge a religiosidade popular com nova força.

E o que é mais surpreendente e preocupante: surgem os integrismos, os fundamentalismos e os fanatismos religiosos. Em grande parte como reação a uma cultura ocidental, apoiada em seu poder econômico e político, que pretendia arrasar, ou pelo menos negar identidade à religião muçulmana. Isso, por sua vez, desencadeia, nos setores políticos e intelectuais, uma reação contra o religioso; na verdade, contra as religiões monoteístas, como as que induzem essas situações de fanatismo.

3. A vida religiosa como instituição da Igreja

3.1. Uma constatação: os grupos institucionais "religiosos" nas religiões

É Weber, o conhecido sociólogo da religião, que mostra como em todas as religiões existiu um grupo de pessoas especialmente dedicadas ao religioso, pessoas que parecem estar em um contato mais íntimo e frequente com Deus. Pessoas com maior sensibilidade para o religioso, o culto, a oração, a contemplação. Não se trata apenas de um modo de pensar, mas de ser e de agir, um estilo de vida. Na Igreja, esse grupo estaria representado nos primeiros tempos por monges e monjas, e depois, em geral, por frades, religiosos e religiosas. Contribuía para isso a afirmação de que pertenciam a um estado de mais perfeição do que o resto dos cristãos.

Assim, quando a tese do estado de perfeição deixa de ser levada em consideração e, sobretudo, quando com o estilo a que se deu o nome de "liberal" de viver a vida religiosa são abandonados os sinais externos, os diferentes distintivos, e se insiste, mais do que na separação do mundo, na sua inserção, essa representação das pessoas mais dedicadas ao religioso perde a presença social como tal, como grupo que faz referência a Deus. Isso coincide, curiosamente, com essa chamada volta ao religioso a que fizemos alusão, assim como com a permanência e, até mesmo, com o fortalecimento que a religiosidade popular adquire. Esse retorno ao religioso se choca com a vida religiosa voltada para as realidades temporais e não percebe essa teórica — e esperamos que prática — razão última que está por trás dela, que é Deus, porque as aparências externas não a tornam visível. Se a tudo isso juntarmos os movimentos de voluntariado que estão surgindo sem caráter religioso para fazer não poucas coisas semelhantes às que os religiosos e as religiosas faziam, a vida consagrada, como instituição, perde não pouco do seu sentido de visibilidade do absoluto.

3.2. Onde colocar a vida religiosa no âmbito da Igreja? Qual é a sua especificidade no estilo de vida?

O Concílio de Trento (1545-1563) havia asseverado: "Se alguém disser que o estado conjugal deve se antepor ao estado virginal ou de celibato e que não é melhor (*melius*) e mais perfeito/santo/feliz (*beatius*) permanecer em virgindade ou celibato do que se unir em matrimônio, seja anátema"[6] Por conseguinte, de acordo com o concílio, a vida religiosa, em função do celibato, pertence a uma escala mais digna do que a do resto dos fiéis. O Vaticano II (1962-1965) e documentos posteriores não insistem nesse modo de pensar, mas chamam a atenção para uma diferença de "excelência" a favor da vida consagrada.

É evidente que estamos falando de estados, de estilos objetivos de vida, e não das pessoas. Prescinde da resposta que cada religioso e religiosa dá à sua vocação a esse estado de vida. Mas, mesmo assim, não é fácil aceitar que a vida religiosa seja melhor que a vida matrimonial, que a virgindade seja melhor que o matrimônio. O importante e realmente valioso é descobrir e seguir a própria vocação.

A condição de virgem na mulher é considerada em quase todas as religiões como mais digna do que a matrimonial,

---
6. DH 1810.

quando deriva de uma consagração a Deus. Sem essa referência a Deus, sem o valor religioso, simbólico, de consagração, deixa de ser um "valor". Por conseguinte, o peculiar, o que é próprio da vida religiosa, é essa referência a Deus. Daí lhe vem o qualificativo de "religiosa". Essa dimensão está presente na "consagração" a Deus que a vida religiosa supõe e que se expressa juridicamente com os votos.

A vida religiosa, enquanto religiosa, exige, portanto, que se preste o culto devido a Deus. Mas não apenas isso, pois deve procurar a experiência de Deus. Assim se passa das exigências do estado de vida — o religioso — ao modo subjetivo de vivê-lo.

4. A vida religiosa como referência do religioso na Igreja e na sociedade

É comum nos documentos conciliares e pós-conciliares mostrar a vida consagrada como *símbolo, modelo, sinal, testemunho, ícone* da fé cristã e, até mesmo, do modo de ser humano. Pois bem, de acordo com isso, a vida religiosa há de ser testemunho da necessidade do contato com Deus, da oração, do culto, exigência da virtude da religião, segundo a entende Santo Tomás.

Uma inserção plena na sociedade que leve a se diluir nos estilos seculares dessa mesma sociedade, ou, o que também acontece, que seja simplesmente crítica das manifestações religiosas e não mostre aos outros essa dimensão humana que é se ver diante do mistério, reagir diante dele; em resumo, cultivar o sentimento religioso é um contrassenso nas religiosas e nos religiosos. É prescindir daquilo que os singulariza.

Por não dar a importância que se deve a essa dimensão humana, que é a religiosa, a vida consagrada tradicional se vê ultrapassada pelos novos movimentos religiosos que surgem

Capítulo III

se apoiando na força do religioso, embora seja verdade que, às vezes, seja à custa da dimensão profética do compromisso com a sociedade, aspecto essencial também do ser humano e da fé cristã.

Mais ainda: não são poucos os que veem na perda desse testemunho do religioso uma das razões da diminuição do número de vocações. Acontece que as vocações são animadas pelo compromisso com os necessitados a partir de uma profunda vivência religiosa; no entanto, quando não percebe com clareza esse apoio religioso na vida e na missão dos religiosos, ou se comprometem como "voluntários" ou se inclinam exclusivamente para o religioso, deixando de lado seu compromisso inicial com os necessitados.

Nosso compromisso pela dimensão religiosa deve estar à margem das diferentes reações sociais que existam a respeito do religioso, pois tem sentido em si mesmo, independentemente do fato de ser exigido ou não. Mas, se for exigido e essa exigência na nossa vida não for satisfeita, é algo que nos faz pensar.

5. O sentido da renovação da vida religiosa

Todo o movimento que existe na vida religiosa do "re" – "refundar", "refundamentar", "renovar", "recriar", "reconformar" – que está presente em tantos textos sobre a vida religiosa e, em resumo, no "Instrumento de trabalho" do Congresso da vida consagrada de novembro de 2004 em Roma, como já indicamos, exige que se renove e se reforce o "religioso" da nossa vida.

Aprofundar mais essa dimensão humana e incluir o que dissemos anteriormente sobre a interioridade leva à "espiritualidade", outro dos temas do momento. Mas esta abrange muito mais do que a vida religiosa, embora a suponha.

Iguais a todo mundo?

À vida religiosa cabe testemunhar que a espiritualidade sem religião ou pelo menos sem Deus, própria da "nova era" e de outras correntes de tendências orientais, é incompleta, porque lhes falta a dimensão teologal. E o que o ser humano precisa é do encontro com o absoluto, que o transcende, com o mistério, com Deus, com "o santo", como diria Rudolf Otto. Que isso fique anotado, embora sem desenvolvimento.

É preciso passar do religioso para o espiritual; do Deus longínquo, a quem adorar, a Cristo, o Deus encarnado; deve-se chegar a uma espiritualidade de encarnação. Isso é uma consequência óbvia da Encarnação. Supondo isso, é preciso procurar que essa espiritualidade mantenha à vista o horizonte do absoluto, de Deus, como o manteve Cristo. É próprio da vida religiosa dar uma dimensão teologal à sua vida. Apaixonar-se pelo absoluto. Proclamar que o ser humano não pode prescindir de Deus. Isso deve ser feito com a vida, é evidente. Mas o sinal de que existe essa presença na sua vida é cuidar, dedicar tempo e espaços para o religioso, para o culto, para a oração, para o que supõe uma referência imediata a Deus. Ser coerente com a denominação de "religiosa" que é dada à sua vida. Saber falar a Deus e de Deus. Apresentar-lhe o que nós somos e queremos ser, o mundo em que estamos, e apresentar esse mundo a Deus. Isso implica dar mais um passo no contato com Deus: passar da religião para a mística, das convicções às experiências, para falar de Deus não pelo que sabemos, mas pelo que experimentamos. Mas isso mereceria mais aprofundamento, o que foge ao objetivo deste livro.

Resumindo: importa saber que o religioso é parte essencial do ser humano. Não é algo excepcional, próprio de seres especiais. Cultivar tudo isso é cultivar dimensões humanas. Um convento de contemplativos(as) é algo perfeitamente humano. Aristóteles dizia que o momento mais elevado da existência humana é a contemplação do ato puro (Deus). A vida religiosa, com a sua vida, deve dar testemunho disso.

Capítulo IV
Vida religiosa e liberdade

"Desde o começo da Igreja houve homens e mulheres que, pela prática dos conselhos evangélicos, quiseram seguir Cristo com mais liberdade e imitá-lo mais de perto, e todos eles, cada qual à sua maneira, viveu entregue a Deus." (PC 1)

1. A liberdade, essência da condição humana

1.1. Ser livre para ser pessoa

A encíclica Gaudium et spes e a liberdade humana

Gaudium et spes, no número 17, resume a centralidade da liberdade. Sem ela não existe ação humana boa, porque não existe ação humana. É uma decisão de Deus que o ser humano proceda movido por "uma escolha consciente e livre, isto é, que seja movido e induzido pessoalmente a partir do seu íntimo e não sob a pressão de um impulso cego interior ou de uma mera coação externa". "A verdadeira liberdade é sinal eminente da imagem divina no homem."

O mesmo documento conciliar enfatiza que a liberdade humana é realmente humana quando procura seu Criador, de modo que, quando chegar a ele, conseguirá "a perfeição plena e feliz". A liberdade há de ser um meio excepcional e único para que o ser humano se realize como tal. É nesse momento que a liberdade é realmente humana, quando se orienta para conseguir sua perfeição como ser humano. Se a liberdade é usada para fazer fracassar o projeto de Deus a respeito da pessoa ou rebaixar sua dignidade, como acontece quando o ser humano é escravo de suas paixões, não só a natureza humana perde sua liberdade, mas a própria liberdade fica prejudicada; é liberdade menor, diria Santo Tomás.

Liberdade e pecado: pecadores e livres

Foi o que aconteceu com o pecado dos primeiros pais. Adão e Eva poderiam dar preferência às insinuações da serpente diante da ordem de Deus em razão da sua liberdade, e o fizeram. Optar pela insinuação do inimigo do Criador não foi o começo da liberdade, como afirma Erich Fromm, mas o início da redução dessa liberdade, que ficou ferida para sempre, como a própria natureza. Adão e Eva agiram dando preferência à palavra da criatura a respeito do Criador. Puderam fazê-lo e o fizeram, mas invertendo a ordem lógica da realidade. Não podemos dizer que isso foi um grande exercício de liberdade, embora não houvesse coação e conhecessem a proibição divina, pois a exerceram contra o que seu autêntico ser exigia: eles optaram livremente por se afastarem daquilo a que sua liberdade estava orientada: sua felicidade. No exercício da liberdade atacaram a própria liberdade, como alguém que procura ser feliz fazendo o que lhe trará infelicidade.

Desde então, nossa condição está ferida pelo pecado. Isso não quer dizer que não sejamos realmente livres. O livre-arbítrio continua existindo. O pecado original não tem por que fazer de nós escravos, como observava o teólogo alemão e agostiniano Martinho Lutero (1483-1546).

Capítulo IV

Liberdade e compromisso

O exercício da liberdade, no que diz respeito ao que a verdade exige, nos torna livres, nos torna mais livres, porque nos faz mais seres humanos, nos aproxima dessa plena realização de que falava *Gaudium et spes*. Não se pode, portanto, renunciar à liberdade, à escolha, tomando decisões em obséquio à radical condição pecadora do ser humano. Não se pode renunciar a essa decisão porque esta pode estar contaminada. Pelo contrário, nós somos o que somos na medida em que decidimos sobre o nosso destino, como também nos ensina *Gaudium et spes* (Cf. GS 14). A liberdade se realiza no compromisso, não na inibição ou na indiferença. Quanto mais comprometida é a decisão, precisamos de mais capacidade para sermos livres. Precisamos de mais liberdade para nos comprometer com outra pessoa para toda a vida, como acontece no matrimônio, do que para ficar solteiro, para não se escravizar, apoiando-se na expressão "boi solto fica livre para se lamber". A pessoa é livre quando opta por algo, quando toma posição diante de alguma coisa, quando compromete a própria vida por algo ou, melhor, por alguém.

1.2. Características da liberdade humana

O maior exercício de liberdade é feito quando se faz uma opção existencial que implica toda a vida, que obriga por toda a vida. E, além disso, compromete o mais íntimo do ser: sua capacidade afetiva, suas possibilidades sociais; enfim, o que se é e se pode ser. A pessoa fica à margem da liberdade quando foge de opções existenciais, quando vive o momento sem referência a um projeto que implica sua vida, ou então se torna escravo do impulso que sente em cada momento, e se converte em um joguete da vida, da sociedade, de seus impulsos mais instintivos — menos racionais e razoáveis. Enfim, quando passa a agir apenas por pequenos compromissos que se referem ao superficial do ser.

Toda liberdade humana, por ser humana, é social. É uma liberdade que vive formando sociedade com outras liberdades: viver livremente é conviver com seres livres. Não é livre se no exercício da liberdade elimina ou reduz a liberdade do outro. Minha liberdade não é humana se, ao exercê-la, crio escravidão. A liberdade humana tem de ser liberdade de todos. Isso exige regras da vida social. As normas sociais não limitam a liberdade; elas pretendem permitir que todos sejam livres. Por isso, a autoridade não é um limite para a liberdade, mas uma maneira para que seu exercício seja humano e, portanto, social.

A liberdade humana o é diante de Deus, diante do absoluto. Isso é certo, sobretudo, no âmbito da nossa fé. Outras religiões mostram uma divindade com ciúme da liberdade dos seres humanos. Mas, na nossa, Deus exige que sejamos livres. Ser criado, não fabricado como os objetos que fabricamos para nós, permite que mantenhamos nossa autonomia diante da criação de Deus. A liberdade, por ser humana e comprometer todo o ser, nos conduzirá ao que engrandece o ser humano: o encontro com Deus. Nossa liberdade se realiza na medida em que coopera para manter a ordem da criação, que implica orientá-la para Deus à força de humanizá-la, de colocá-la a serviço do ser humano. Não é humanamente livre quebrar essa ordem – embora o ser humano possa fazer isso quando se deixa escravizar por outras forças desumanas, demoníacas ou irracionais e atentar contra a reta orientação da liberdade. Daí a necessidade de que a liberdade conte com a ajuda da graça.

Capítulo IV

2. Obediência até a morte e liberdade

2.1. Obediência religiosa e liberdade

Ver a dimensão humana da vida religiosa é descobrir essa dimensão em cada um dos votos que a definem juridicamente. O voto de obediência seria uma abdicação da condição humana, ficar reduzido a um cadáver humano, supondo-se a negação da liberdade; estaríamos sujeitos a uma obediência servil, não livre; seria abdicar de ser dono dos próprios atos e entregar a capacidade de decidir a outra pessoa constituída como autoridade, como senhor das vontades de seus súditos. Não é assim; o voto de obediência é uma opção existencial, um grande ato de liberdade.

O voto de obediência, como os outros votos, é feito antes de tudo a Deus. Isso suposto, Deus não quer assumir a responsabilidade pelos nossos atos; ele exige que sejamos donos e responsáveis pelas nossas ações. Obedecer a Deus é agir livremente, não como quem espera que Deus lhe diga, a cada instante, o que tem de fazer e o obrigue a fazê-lo. É evidente que temos de agir acomodando nossas decisões e ações ao que Deus pede de nós, mas cabe a nós elucidar o que é o que ele pede em cada momento e agir em consequência, porque sabemos que isso é próprio da nossa condição humana. Também para isso precisamos da graça.

A obediência religiosa é obediência social. Quer dizer: se não houvesse vida comunitária, comunidade, instituição da comunhão, a obediência da vida religiosa não teria sentido. Obedecer a Deus é próprio de todo ser humano. Por isso, obedecer a Deus, como se promete no começo da fórmula de emissão dos votos, não supõe um compromisso diferente do que todo cristão deve fazer; mas logo, ao se referir à obediência ao superior ou superiora, então se manifesta como essa obediência religiosa terá de ser: comunitária. Ela não difere da obediência devida a Deus, mas, ao se basear nela, se explicita. A obediência religiosa é obediência a Deus, como a de todo cristão, por intermédio da comunidade, que é colocada como mediação para saber o que Deus quer e como temos de agir de acordo com o que Deus pede de nós. Comunidade que está representada pela autoridade, em cuja presença são feitos os votos e a quem se promete obediência. Prometer obediência é colocar acima dos interesses de cada um o bem comum da comunidade religiosa, interpretado pela autoridade competente. Por ser comum, é de todos e de cada um; mas sempre será um bem. Isso quer dizer que terá de estar na linha do que permite desenvolver a dignidade humana na sua orientação para Deus e no seguimento mais próximo possível do homem perfeito que é Cristo.

2.2. É preciso ser muito livre para comprometer-se até a morte

A obediência até a morte supõe o máximo ato de liberdade. Tão relevante que exige uma reflexão e uma decisão maduras. De modo algum é renunciar à liberdade, como se diz em alguns textos espirituais, mas exercê-la de forma consciente e comprometida. A expressão "até a morte" não estabelece apenas um limite de tempo, mas um compromisso total pelo qual se aceita morrer. Somente com liberdade se pode assumir um compromisso semelhante. Portanto, somente pessoas livres podem realizá-lo. Por isso, é uma decisão plenamente humana. O humano é o livre e vice-versa. Mais ainda: o melhor da condição humana se manifesta em compromissos definitivos. O mais triste do reiterado medo ao definitivo que parece existir hoje entre os jovens — e os menos jovens — é que implica diminuir a importância dos compromissos. Renunciar a forjar a decisão de chegar conscientemente a um compromisso definitivo, não se preparar para consegui-lo nem para saber superar as dificuldades que vamos encontrar, é diminuir o ser humano. É típica, na nossa sociedade, a renúncia, senão explícita, mas implícita, de aceitar o matrimônio como indissolúvel. Compreende-se que é algo que supera o caráter histórico do ser humano, que não pode prever as situações pelas quais terá de passar. Considera-se que não existe razão para forjar uma fortaleza de ser que saiba superar situações contrárias a um compromisso de vida em comum, que dure quanto esta durar, porque isso seria exigir demais, seria algo desumano, de um homem e de uma mulher sem energia suficiente para superá-las. E, por certo, se prescinde da existência de um Deus que ajude.[7]

O que acabo de apontar, a ajuda de Deus, é o complemento necessário da nossa liberdade. Seria pretensioso fiarnos exclusivamente em nossas forças, em nossa decisão formulada com todo o entusiasmo em determinado momento. Nossa liberdade exige a ajuda de Deus. Isso não diminui nossa condição de sermos livres, pois Deus ajudará para que o sejamos, para que esclareçamos o que deve ser feito e para ter força para fazer o bem. Deus agirá sempre de acordo com o seu plano, e está claro que ele quis livres os homens e as mulheres que criou. A intervenção de Deus na nossa vida não limita nossa capacidade de decisão, mas a fortalece e a ajuda para que esteja de acordo com o que aperfeiçoa nosso ser.

---

7. Isso acontece não apenas no matrimônio, mas também na vida religiosa. Há poucos anos, Clodovis Boff publicava um texto indignado contra os jovens que se comprometiam com os votos perpétuos e, passado um ano, diante da primeira dificuldade, renunciavam a eles. Isso, excetuando-se circunstâncias excepcionais que poderiam acontecer, demonstra uma falta de qualidade humana notável. Realmente, deles pode-se esperar pouco de nobre.

3. Nosso voto de obediência no mundo de hoje

3.1. O mundo que se julga livre não compreende nossa obediência

Eu acho que se pode dizer, sem dúvida, generalizando, mas também descrevendo o pensamento majoritário da nossa sociedade, que prometer pobreza, castidade e obediência não é algo que nossos contemporâneos sejam capazes de compreender. Temo que não seja muito eficaz mostrar com argumentos a validade humana dos votos. Somente o estilo de vida adotado por religiosos e religiosas pode levar a aceitar o que é a vida religiosa ou, pelo menos, a transigir mentalmente com ela. Ver religiosos e religiosas entregarem-se generosamente ao serviço dos necessitados e mostrarem que fazem isso levados por uma vocação religiosa, esse sim será um argumento. Sempre que se manifeste uma aceitação livre e alegre do que é sua vocação e a missão que se realiza. Se parecer que alguém se entregou a alguma missão, em determinado lugar, apenas porque o mandaram e ele obedeceu, como quem tem de acatar as ordens recebidas muito contra sua vontade, por simples submissão ao superior, não seria uma justificativa da opção pela vida religiosa.

Nossa sociedade, por um lado, é muito ciosa do que entende que é sua liberdade, sua autonomia para decidir e agir. Por outro lado, ela se vê escrava de muitas pressões sociais, desde as mais frívolas, como a moda no vestir, até a necessidade de se submeter e de abaixar a cabeça, em não poucas situações, para poder prosperar econômica ou socialmente. O servilismo diante das correntes da moda ou diante de quem pode decidir sobre sua vida não é tão rigoroso como na época da escravidão, mas é real. Tanto no âmbito do indivíduo quanto no das coletividades. A autoridade está cada vez mais

Capítulo IV

revestida de poder, para que seja a razão da força a que se imponha à força da razão. O mais grave é que essa pressão social sobre o indivíduo está revestida de disfarces socialmente corretos, de modo que ninguém se sente pressionado quando se submete a essas pressões. Isso é grave, porque não se tem consciência da escassez de espaço que sobra para a liberdade. Ser livre parecerá, às vezes, revolucionário, rebelar-se contra estruturas, situar-se como antissistema.

3.2. Somente se é exercício de liberdade se pode acreditar no conselho evangélico da obediência

É nesse ambiente que não se compreende esse grande exercício da liberdade, que é a obediência religiosa. Não se compreende a dupla dimensão: em primeiro lugar, formular compromissos que obrigam tanto e para toda a vida; e, em segundo lugar, acomodar as decisões ao que é exigido por necessidades que não são de imediato as da pessoa, mas as da comunidade. Para entender a obediência, é preciso que a liberdade inclua a libertação. Somos livres somente quando nos libertamos do que nos escraviza; por exemplo, de nossos caprichos, de nossos pequenos interesses, que não têm em vista além de pequenas satisfações individuais que nos diminuem (Cf. MARTINEZ, Felicísimo. *Refundar la vida religiosa*, Madrid: San Pablo, 1994, p.104 e ss.).

O voto de obediência é ícone da nossa liberdade diante do mundo, na medida em que manifeste como a realização pessoal está unida a nosso envolvimento com o que a autoridade mostra como interesse da comunidade, sem colocar em primeiro plano os interesses individuais. Quer dizer: quando se constitui em compromisso, com a exigência própria daquilo que se formula diante de Deus, de manter, apesar dos obstáculos internos e externos que tenhamos de superar, a oferenda do que se é. A obediência é ícone da dignidade humana na medida em que fazemos da vida um dom — o que não se dá se perde —, no intuito de servir a Deus nos irmãos. É grito cheio de humanidade em uma sociedade na qual o fato de se impor ao outro até subjugá-lo, reduzindo sua condição humana para que tudo esteja em função dos interesses individuais de quem detém o poder, é objetivo comum mais ou menos confessado. É proclamar que ser humano é servir aos outros, e não se servir deles.

4. Liberdade afetiva e obediência

4.1. A liberdade autêntica se apoia na verdade e no amor

A verdade orienta; o amor impulsiona. A verdade exige o discernimento, sem o qual não somos livres, porque decidiríamos cegamente. O amor deve ser o fator que realiza a liberdade, isto é, o que determina a decisão, o motor. Entram, portanto, em jogo duas realidades essenciais do ser humano. E, não é preciso dizê-lo, fatores imprescindíveis em qualquer processo de formação: formar em liberdade e a formação da afetividade é o que vai construindo a pessoa.

A liberdade é liberdade do coração. O que dá liberdade de coração é uma decisão livre que implica todo ser, que apaixona, como são as decisões do coração, ou seja, as afetivas. Por exemplo, sentir-se fascinado por Cristo e querer conformar-se a ele. Nesse caso, somos livres diante de outras possibilidades que nos são oferecidas, quando superamos toda tentação ou oferecimento de colocar o coração em algo que não seja ele. A força da decisão mede a autenticidade da liberdade.

Capítulo IV

Portanto, amor e verdade, para serem livres. Ser livre é realizar-se de acordo com a própria verdade. Para que essa liberdade incorpore o elemento afetivo, é preciso conhecer-se e querer-se como a pessoa é, e conhecer e querer o projeto que escolhemos para nossa vida. Como consequência disso, não agiremos impulsionados por uma lei que nos é imposta, mas por um amor que escolhemos depois de sério discernimento, ou, talvez melhor, que nos escolheu, que nos conquistou.

4.2. Objeções à liberdade de coração

Pode parecer estranho que sejamos livres quando nos conquistaram e, como consequência, nos prenderam afetivamente. Tão presos que não podemos querer outra coisa. Entende-se a liberdade, normalmente, como a capacidade que temos de tomar a iniciativa; quando somos conquistados, quando estamos fascinados, parece que perdemos a iniciativa.

A explicação teórica disso não é fácil. Seria fácil a respeito de fascinações que vêm de algo positivo; não o é quando o que nos fascina é negativo. Por exemplo, se um jovem está fascinado pelo amor de uma jovem, ele não perde a liberdade, pois o ajuda a realizá-la, o ajuda a ser livre. Mas fica-se fascinado pela droga, ou por um amor impossível; por exemplo, por uma jovem casada, que o escraviza. Esse é o sinal inequívoco de que a liberdade nunca se pode separar da verdade. Amor, fascinação, tudo bem, mas na verdade.

Cencini diz isso da seguinte maneira: "O componente básico da liberdade é, portanto, a verdade. Sem verdade não existe liberdade; ademais, como diz Jesus, a verdade é o que nos liberta (cf. Jo 8,22). Mas, se falamos de liberdade afetiva, nesse caso se trata exclusivamente de uma verdade amada e realizada, isto é, de uma verdade acompanhada do amor e da vontade, ou do amor inteligente e volitivo que torna a pessoa livre de coração".[8]

Sem verdade, nossa afetividade, nossos entusiasmos ou paixões podem ser desumanos, forças que nos levam a degenerar nossa condição humana. Sem amor, falta-nos a verdade e o entusiasmo; não podemos nos comprometer integralmente com algo. Nossa liberdade seria um exercício de parte do nosso ser ou do nosso ser diminuído; não seríamos livres em plenitude.

Temos de reconhecer que não chegamos à verdade plena, e que nossos afetos estão contaminados por vários impulsos externos e internos; portanto, nossa liberdade, que conta, como digo, com a verdade e com o amor, nunca é perfeita. Como tampouco é perfeito nosso ser. A plenitude, a perfeição se encontrará depois da nossa história. Mas a história tem de ser um caminho até ela.

4.3. A derradeira razão psicológica da opção pela vida religiosa

O qualificativo "afetiva", que aplicamos à liberdade, nos permite avaliar atitudes diferentes diante da obediência:

1ª) A de quem se sente chamado por Deus, porque acha que é seu dever se esquecer de si mesmo e se dedicar ao serviço de Deus nos irmãos. A pessoa impõe a si mesma esse compromisso diante da excelência do projeto a que Deus a chama. Custa-lhe muito, mas a pessoa acha que sua vida deve ser um sacrifício que ela oferece a Deus, e está disposta a levá-lo a cabo. A razão principal e decisiva da obediência nessa pessoa tem, sem dúvida, uma base teológica, pois ela sente

---
8. CENCINI, A. *Los sentimientos de hijo*. Salamanca: Sígueme, 2000, p. 247.

Capítulo IV

que Deus lhe pede isso; tem fundamento ético, a ação é muito nobre. Mas entende a obediência como um sacrifício que lhe é imposto pelo seu dever de ouvir a Deus e de aceitar o que ele lhe pede.

2ª) A de quem gosta do compromisso contraído, atitude radicalmente diferente da anterior. Quer dizer que realmente ela gosta daquilo para o qual Deus a chama, que encontra atrativos naquilo a que se compromete e não passa a agir apenas porque Deus o exige. Que ame a vida religiosa. Que descubra que seu coração vibra por essas pessoas que precisam da sua ajuda, não apenas por se submeter ao que Deus lhe pede. Somente quando se deixou conquistar pelos pobres afetivamente, ou pelos não evangelizados, ou pelos ignorantes..., pode-se dar razão a uma vida apostólica. Porque somente nesse caso ele se entrega livremente, não por uma imposição estranha a ele, à sua missão apostólica ou de caridade.

Essa decisão, que é fundamentalmente por amor, concluímos resumindo, é uma decisão livre e, pela mesma razão, humana. E será humano o que implica essa decisão. É humana a decisão de ser religioso ou religiosa quando se apoia em uma sedução afetiva de Cristo, do verdadeiro Cristo conhecido mediante o evangelho. Sedução que se prolonga em um amor pelos homens e mulheres a cujo serviço se entrega. Aí está o motivo pelo qual é muito comum recorrer-se ao texto conhecido de Isaías, no qual o profeta se sente seduzido por Javé para explicar a opção pela vida religiosa.

5. No dia a dia da vida religiosa

Para levar isso à prática, partindo do fato de que, se nascemos radicalmente livres, é no transcorrer da vida que nos tornamos livres, manifesta-se a exigência de procurar ser cada dia mais livres e de ser livres, sobretudo, quando tomamos as decisões que configuram a vida. Para isso, precisamos ser sinceros com nós mesmos; dedicar tempo para tratar de nos conhecermos, tarefa que, para o oráculo de Delfos, era a principal do ser humano. Também é imprescindível, não é preciso dizê-lo, sentir-se apaixonado por conhecer a verdade de quem chama, de Cristo. Enfim, conhecer bem o que implica seguir a esse Cristo na vida religiosa. Sem uma autêntica informação, não existe vocação religiosa, porque não existe liberdade.

Isso faz referência direta à obediência. Obedecemos a quem sabemos que indica o caminho para levar adiante esse projeto afetivo. Prometemos obediência até a morte porque por nenhuma coisa e por ninguém queremos deixar de responder a esse chamado de quem ama e a quem se ama. Não se trata de obediência a contragosto, embora às vezes ela exija o que o "corpo não pede", mas sim do núcleo essencial e integrador do ser.

Esse processo assemelha-se ao de ir conseguindo que o que agrada a Deus, o que está de acordo com o que o evangelho e o que a pessoa de Jesus me diz, é o que me agrada ou o que me apaixona. De modo que se possa dizer: o que me agrada, o que eu amo, está na linha do que Jesus amava; por isso me comprometo com o mesmo amor de Jesus.

Trata-se de um processo porque o esquema nunca é tão puro como eu o apresento: a verdade, a nossa verdade, nos diz que temos de estar em contínua purificação do nosso coração, e em contínua depuração de atrativos marginais que podem obscurecer ou debilitar o essencial. O atrativo de Jesus é o que deve abrir caminho entre outros atrativos. A liberdade tem de ser conquistada dia a dia. Essa é uma tarefa essencial

Capítulo IV

do processo de formação. Processo que nunca termina, pois nunca chegaremos a possuir a verdade, que nos supera; embora possamos captar o suficiente para que nos conquiste.

6. A comunidade e a obediência, fatores dessa liberdade

A comunidade é âmbito para sermos livres — e ser pessoas —; e é fator que estimula nossa liberdade. É âmbito porque ajuda a viver desde o amor real, autêntico, não o amor platônico ou ilusório. A dimensão afetiva não é algo abstrato, que surge de nós; ela exige que conheçamos rostos concretos e convivamos com eles. Porque a vida humana é assim, comunitária. Temos de ser livres em comunidade, como dissemos, na comunhão de diversas liberdades. A comunidade é como os trilhos que fazem que o trem avance e evitam que saia do caminho, conseguindo assim chegar ao fim do trajeto. Não podemos dizer que o trem é escravo de seus trilhos; pelo contrário, são os trilhos que fazem que ele chegue aonde pretendíamos ir.

A comunidade é fator de liberdade porque nos impele a superar a tentação dos próprios caprichos (Sl 80) que escravizam; leva-nos a ver além de nossos interesses e a ampliar nossa ação, sem cair na estreiteza escrava do egoísmo. Dentro da comunidade, a obediência é exercício de liberdade. A obediência entendida como aceitação do programa da comunidade, daquilo que institucionaliza minha opção fundamental, evita que eu me perca em pequenas satisfações e torna real o projeto livremente aceito. Projeto que não pode ser realizado isolado, mas em convivência com outros.

É um engano confundir liberdade com independência. Ser pessoa é aceitar dependências: da natureza exterior

Iguais a todo mundo?

e da própria; das pessoas. Somos livres quando dependemos de quem amamos, quando aceitamos a dependência do amor. A mãe é livre quando tem de estar dependente de seu filho, inclinada sobre ele. Nenhum ato é mais propriamente seu do que os que realiza em função dessa dependência do filho. Por isso, para sermos livres, não temos de buscar a autonomia, mas depender de quem amamos. Isso é o que faz que o ato de obedecer não atente contra a liberdade, mas a oriente e a desenvolva. A solidão de Robinson Crusoé impede que ele seja livre, porque não tem com quem se comprometer afetivamente, não depende de ninguém afetivamente e não se compromete por ninguém. Ele não age inspirado por amor, seu horizonte de vida está reduzido à natureza e aos animais. Excepcionalmente, ele se salvaria caso se visse no âmbito de Deus, sempre presente. Mas mesmo assim lhe faltaria a mediação pela qual Deus se faz presente em todas as coisas e manifesta seu amor: o ser humano. Ele se vê obrigado a viver curvado sobre si mesmo, sem um horizonte livre.

Insistamos: no fundo, e dando a razão de ser a tudo, está o amor. O amor à vocação, o amor à congregação, o amor à comunidade, o amor ao projeto comunitário e aos que têm de levá-lo a cabo e a todos os que ele beneficia. Só a partir do amor é que a obediência nos torna livres.

Esse amor é o que constitui a comunidade. Comunidade implica comunhão. Comunhão no projeto, mais ainda, porém, comunhão de afetos. Como o filho não perde a liberdade obedecendo ao pai que lhe indica o que é melhor para seu processo de vida, o religioso e a religiosa são livres na medida em que se orientam de acordo com o que a comunidade decidiu. Nisso consiste a obediência que prometeram.

7. Conclusão

No futuro, a vida religiosa há de mostrar que a liberdade humana se realiza no compromisso de uma vida que se entrega ao serviço de Deus e dos homens, a partir do amor, em comunhão com os outros. E tudo isso tendo à frente uma ideia de liberdade como possibilidade de se entregar a todos os caprichos que diminuem o ser humano, caprichos que impedem que não tenhamos mais horizontes do que a pele, que o desumanizam.

Capítulo V
Ser pessoa porque se é pobre

1. Especificações do conceito de pobreza

1.1. Pobreza e miséria

O conceito de pobreza precisa ser bem definido desde o início. Fala-se de um mundo pobre diante de um mundo rico. Esse mundo pobre é pobre por diversas situações desumanas generalizadas. A primeira é a fome: contam-se aos milhões os que morrem de fome. A isso acrescenta-se a carência de cuidados médicos e de uma educação elementar. Existem também outras pobrezas profundas, como a escravidão, a de não ter voz na comunidade em que se vive, a falta de um lar.

Sendo assim, o conceito de pobreza que se desprende da leitura das bem-aventuranças não se refere a essa pobreza. A pobreza, entendida como falta do elementar para viver com dignidade, é miséria. Não se pode dizer: "Bem-aventurados, felizes, os que vivem na miséria". A miséria é uma situação radicalmente desumana. A única opção cristã a respeito da miséria é lutar contra ela, precisamente porque é desumana. O religioso e a religiosa não fazem voto de miséria, não podem prometer viver de modo desumano. A pobreza da primeira bem-aventurança sabe o que é escassez, sabe prescindir do supérfluo, conhece o que realmente não é necessário para viver humanamente; sabe também passar algum apuro econômico; quem se aproxima dela não tem o coração ligado às riquezas, confia na Providência, preocupa-se por possuir coisas demais... Usa os bens — necessários — sem se apegar a eles. Teme os bens pela força que possuem de procurar estarem acompanhados de mais bens. Opta claramente pela sobriedade. Ser sóbrio no possuir pode ser uma definição da pobreza evangélica.

1.2. Atitudes diferentes diante dos bens da vida religiosa e da nossa sociedade

Enquanto a vida religiosa se preocupa em não ser suficientemente pobre e possuir mais do que o necessário, o ser humano da nossa sociedade se empenha pela necessidade de se rodear de bens. Não se conforma com o que possui, procura ter mais. Mais bens, comodidade, mais segurança. A economia se apoia nesse desejo sempre insatisfeito de bens. A diferença entre a atitude diante dos bens da sociedade e da vida religiosa se manifesta no fato histórico de que todas as reformas na vida religiosa procuraram níveis maiores de pobreza, enquanto as reformas sociais no mundo ocidental procuram uma riqueza maior.

1.3. A pobreza, modo de ser pessoal

Ser pobre, digamo-lo desde o início, não é uma simples questão moral que afirma que "os bons são os pobres e que os ricos são os maus". Trata-se de uma questão antropológica, isto é, refere-se a um modo de ser pessoal. Por isso, a pobreza deve ser entendida como um caminho até o ser humano, como ajuda para que o ser humano seja o que é. Nós nos tornamos mais humanos quando nos despojamos dos bens do que quando os acumulamos.

Capítulo V

O conselho evangélico da pobreza é uma aposta por um caminho que leva à nossa realização pessoal. Não é o compromisso de sacrificar nossa posse dos bens da terra para merecer os bens do céu, o que poderia indicar o desejo de ter: deixavam-se os adereços materiais para alcançar os celestiais, mas sempre se procurava ter. Chega-se ao céu procurando ser pessoa, não procurando os bens que estão em torno dessa pessoa; tampouco se desprendendo de uma vez deles, embora isso ajude a centrar-se na pessoa. Os bens do alto a que São Paulo se refere na Carta aos Colossenses, que temos de buscar para podermos ressuscitar com Cristo, são bens que afetam diretamente o ser, como o amor, a procura da verdade, a intimidade com Deus; bens que configuram o que somos. São bens do céu porque são mais fortes que a morte, porque a superam, como também a supera o ser humano ressuscitado, e alcançam sua plenitude quando o ser humano alcança a sua.

2. Bem-aventurados os pobres

2.1. Um projeto de felicidade

As bem-aventuranças são um projeto de felicidade. Por isso, a pobreza é apresentada por Jesus como um meio para ser feliz. Ou seja, elas não são uma barreira que se impõe por obrigação legal, mas um caminho para a perfeição. A barreira é o excesso de bens, não a pobreza. A pobreza é a que faz que essa barreira não bloqueie nosso caminho até a felicidade.

Essa felicidade vai sendo conseguida à medida que avançamos na realização do nosso ser, ou seja, à medida que caminhamos até nossa perfeição. Cristo manifesta isso quando exige do jovem que quer ser perfeito que venda o que tem, que o dê aos pobres e o siga. Não basta vender o que se tem; é preciso que os destinatários do produto da venda sejam os pobres e, sobretudo, que se siga a Jesus.

João Paulo II em *Redemptionis donum* (O dom da Redenção), a exortação apostólica sobre a vida religiosa, coloca esse episódio e esse convite de Jesus como o ícone do que é a vocação religiosa.

2.2. A pobreza está presente nas diferentes dimensões das bem-aventuranças

Dimensão teologal: permite que descubramos melhor a Deus. Não nos esqueçamos de que ver a Deus é o objetivo de todo ser humano. Sendo pobres, captamos melhor a Deus.[9]

Dimensão cristológica: permite que descubramos melhor a Cristo e que nos unamos a ele, pois ele é o primeiro "bem-aventurado", quem melhor tornou realidade as bem-aventuranças. Vender os bens, dá-los aos pobres e segui-lo é o que Jesus exige do jovem. O importante será sempre seguir a Cristo, ser bem-aventurado como ele o foi. Mas ele só é seguido no desprendimento e no compromisso com os pobres.

Dimensão escatológica: a pobreza é uma opção pelos bens definitivos, agora possuídos com limitações, e logo,

---

9. "*A pobreza permite que descubramos a Deus*. Também por isso a pobreza é encontrada no centro mesmo do Evangelho no começo da mensagem das bem-aventuranças: 'Bem-aventurados os pobres de espírito'. A pobreza evangélica abre aos olhos da alma humana a perspectiva de todo o mistério 'há séculos escondido em Deus'. Somente os que são 'pobres' desse modo são, ao mesmo tempo, interiormente capazes de compreender a pobreza daquele que é infinitamente rico. A pobreza de Cristo encerra em si essa infinita riqueza de Deus; ela é antes a sua expressão infalível. Com efeito, uma riqueza como é a própria divindade não teria podido se expressar adequadamente em nenhum bem criado. Só pode expressar-se na pobreza. Por isso, só pode ser compreendida de modo justo pelos pobres, pelos pobres de espírito" (*Redemptionis donum* 5).

Capítulo V

depois da morte, plenamente. Por isso, é preciso não optar pelo que fica aqui, os "bens da terra", mas pelos bens que serão possuídos plenamente no além.[10]

Dimensão antropológica: as bem-aventuranças retratam o homem feliz, autêntico, que há de pisar neste mundo junto com outros seres humanos. É um ser humano pacífico, manso, pobre, misericordioso, que conhece a dor, que tem fome e sede de justiça, limpo de coração, que assume a perseguição por defender a causa do reino. A pobreza é um grito a favor desse ser humano que vive para existir, não para rodear-se de bens.

3. A pobreza é, portanto, caminho para a autenticidade do ser humano

3.1. A pobreza, não a miséria, que é desumana

Não se procura a pobreza simplesmente como um sacrifício, uma renúncia, de modo que o religioso que passa mais necessidades, o que vive em uma situação mais miserável, no estilo de alguns cínicos, imitados por alguns eremitas, é um religioso melhor. A pobreza exige que o ser humano possa viver como ser humano e, portanto, tenha acesso aos bens indispensáveis à sua vida.

---

10. "Isso quer dizer igualmente descobrir o 'tesouro'. Esse tesouro é indestrutível. Passa junto com o homem na dimensão da eternidade, pertence à escatologia divina do homem. Graças a esse tesouro, o homem tem seu futuro definitivo em Deus. Cristo diz: "Terás um tesouro no céu". Esse tesouro não é apenas um 'prêmio' depois da morte pelas obras realizadas de acordo com o exemplo do divino Mestre, mas mais do que isso: é o cumprimento escatológico do que se escondia por trás dessas obras, já aqui na terra, no 'tesouro' interior do coração" (*Redemptionis donum* 17).

3.2. *O ser humano é definido pelo que dá, não pelo que acumula*

A pobreza é uma atitude existencial que se define por saber que nos aperfeiçoa mais o que nos falta, sempre que não pertença ao que é realmente imprescindível para existir como pessoa, que o que temos, que pode ocultar o nosso ser; o que nos falta, pelo contrário, deixa-o a descoberto. Ajuda-nos, além disso, a sentir que dependemos de Deus e dos outros. E isso é próprio da condição humana.

Além do mais, a pobreza manifesta existencialmente que somos mais autênticos pelo que damos do que pelo que possuímos. O que não se dá se perde, e aquele que o possui se perde também. A pobreza permite que compreendamos a vida humana como um dom, não como uma apropriação.[11] Por isso, a pobreza se completa na obediência: não se entrega apenas o que se possui, mas o que se é.

Damos mais quando ficamos com menos. A generosidade não é medida pela soma do que se dá, mas por aquilo com que a pessoa fica. O jovem rico não se decidiu a seguir a Jesus, ao desprender-se de seus bens, porque era muito rico, diz o texto do evangelho. Cristo não lhe pediu uma parte de seus bens, uma esmola generosa, que seria bem recebida pelos necessitados e louvada por todos, mas que ficasse sem bens, que deixasse de ser rico, que fosse pobre, que confiasse nele e juntasse sua vida à dele. Cristo não queria seus bens, mas sua pessoa..., sem bagagem.

---

11. "Rico não é aquele que possui, mas aquele que dá, aquele que é capaz de dar. Assim a parábola evangélica adquire uma expressividade particular. Torna-se um programa do ser. Ser pobre, no sentido dado pelo Mestre de Nazaré a esse modo de 'ser', significa tornar-se na própria humanidade um dispensador de bens" (Ib.).

Capítulo V

4. Pobreza na vida religiosa

4.1. Optar pela própria pobreza é optar pelo ser

A pobreza da vida religiosa implica necessitar de menos bens possíveis e incorporá-los, para deixar muito mais espaço ao ser do que ao ter. Isso se estabelece com uma promessa, vive-se em um estilo comunitário de bens, para que, inclusive, seja a comunidade com seu superior quem ajude a discernir aquilo de que não se precisa. Isso quer dizer que, de acordo com nossa vocação, que é essencialmente ser religioso(a), não ser missionário(a), educador(a), ou servir aos necessitados..., temos de optar, antes de tudo, pela nossa pobreza, por sermos pobres. Optar, portanto, pelos pobres é consequência de uma opção por uma vida pobre, sóbria.

4.2. É optar por seguir a Cristo

A pobreza na vida religiosa tem, portanto, um claro caráter antropológico. Não procura simplesmente a mortificação de renunciar aos bens, ou depender do superior para poder usá-los, mas facilita o encontro com o próprio ser seguindo a Cristo.[12] Sim, implica renúncia, porque os bens, naturalmente, pela própria força, procuram mais bens. Ter implica querer ter mais, centrar o êxito da vida em ter mais. Os bens materiais são absorventes; absorvem nossas preocupações e nos

---

12. Por isso, precisamos ficar bem atentos com a austeridade, entendida como privação de certos bens. Essa preocupação com a austeridade pode levar-nos a pensar demais no que temos ou não temos e esquecer o que somos. A austeridade, por exemplo, de João Batista consistia em fixar-se no essencial, em facilitar as disposições para acolher o Messias, aquietando e corrigindo nosso ser, sem se perder no labirinto das preocupações para ter isso ou aquilo, para ter mais ou menos, querendo estabelecer a quantia de tudo. Ao buscar o essencial, o acidental deixa de ser o objeto da nossa preocupação essencial. É disso que se trata.

Iguais a todo mundo?

reduzem a buscadores de bens; nos escravizam, pois exigem que os sirvamos; por isso, Cristo advertiu que não se pode servir a Deus e às riquezas.

5. Optar pelos pobres como algo que dimana da nossa pobreza

Nossa opção pelos pobres faz parte da nossa missão, que é a missão da Igreja. Optar pelo pobre é, em suma, optar pelo ser humano. Descobre-se melhor esse ser humano em quem não está rodeado de riquezas. Quando nos aproximamos do rico, podemos ser atraídos pelas suas riquezas, materiais, intelectuais ou até morais. Acercar-se do pobre é deixar-se atrair simplesmente por sua condição humana.[13]

Essa opção se desenvolve em duas linhas:

Aquela que leva a que aqueles que vivem na miséria compreendam a pobreza do modo como a vimos entendendo, isto é, que tenham o suficiente para viver com dignidade. Não se trata de fazer dos miseráveis, ricos, de converter sociedades que carecem do necessário para viver humanamente em sociedades consumistas. O que se procura é o necessário para realizar o ser humano como pessoa.

E aquela que leva a proclamar que não é no ter, mas no ser que nos encontramos com o que somos; por isso, é preciso

---

13. "Sim, o apelo que vós, queridos irmãos e irmãs, acolheis entrando no caminho da profissão religiosa, chega *às próprias raízes da humanidade*, às raízes do destino do homem no mundo temporal. O evangélico 'estado de perfeição' não vos separa dessas raízes. Pelo contrário, permite que vos ligueis mais fortemente àquilo pelo qual *o homem é homem*, enriquecendo essa humanidade, oprimida de diversos modos pelo pecado, com o fermento divino-humano do mistério da Redenção" (RD 4).

Capítulo V

advertir ao rico que está correndo o perigo de perder de vista o seu ser na medida em que as riquezas o rodeiam. Não se tratará, portanto, de enriquecer os pobres, mas de tornar os ricos pobres. Isso ajuda a desenvolver estilos de vida cada vez mais humanos. Isso sim, a partir do direito absoluto que todo ser humano tem de viver com dignidade. Direito que é superior a qualquer outro, como, por exemplo, o direito à propriedade privada.

6. A pobreza como antissistema

Não dedicaremos demasiado espaço para fazer ver que essas propostas estão em contradição com o modo de entender a existência humana em nosso mundo. Trata-se de algo óbvio. A economia é a que rege os destinos da sociedade e de seus membros. Podemos entender o que a sociedade acha da pobreza da vida religiosa na sociedade com uma análise superficial de como se pode entender a economia.

6.1. Dois modos de entender a economia

O primeiro considera os *bens como propriedade* exclusiva de quem os consegue de um modo ou de outro. E o objetivo é ter o maior número de bens ou de melhores bens — ou os mais valorizados de acordo com a moda ou o mercado ou o prestígio ou a comodidade que ofereçam. É nisso que se resume a felicidade humana. Ter agora e ter assegurado o futuro. São o egoísmo, ou chame-se habilidade para obter bens, e a ambição os que regem as relações econômicas (e não apenas as econômicas). Entretanto, se entende como alguém que serve para conseguir o objetivo de eu ter mais e melhor. Existe liberdade — liberalismo — para que cada um se prepare, de acordo com as leis do jogo, para adquirir o que lhe possa interessar. Quem, por um motivo ou por outro, não tem possibilidades ou habilidades para obter bens, não tem direito a pedir ajuda. É um perdedor.

O segundo modo é *a economia do dom*. O que uma pessoa tem é, em grande parte, recebido e precisa estar a serviço de todos. Isso, que agora pode nos surpreender, foi entendido e praticado em sociedades primárias, que às vezes chamamos de primitivas; em geral, o entendem melhor as sociedades pobres do que a nossa. O que temos é para compartilhar com os outros. Os bens têm de contribuir para o bem-estar da comunidade. Consegue-se um nível econômico maior, não quando temos mais, mas quando contribuímos mais para o bem da comunidade (sem nos esquecermos de que dar mais não significa dar necessariamente uma quantidade maior, mas ficar com menos). Todos podemos dar algo, mesmo que não seja material. Se tendo não se dá, a pobreza não é da economia, mas do ser. Por isso, quem não oferece seu trabalho – sua disponibilidade, seus meios, os dons que recebeu – falta à pobreza que nos enriquece, à pobreza do que dá.

6.2. Será viável esse segundo modo? A vida religiosa como resposta afirmativa

A força da razão desse tipo de economia se apoia na afirmação clássica de que, na sua raiz, todos os bens são de todos, como dizia Santo Tomás. A propriedade privada é um direito secundário. Em caso de necessidade, usar o que não lhe pertence é um direito. Daí a razão para que os bens necessários para subsistir como seres humanos sejam de todos. Os que precisam deles têm direito a eles. O direito de viver é mais forte que o da propriedade privada. Ser, e ser pessoa, é mais importante do que ter. Ter o que os outros necessitam

Capítulo V

sem colocá-lo à sua disposição é desumano, é um atentado contra o ser humano por parte do proprietário.

Dir-se-á que isso pertence à utopia, e está certo. É uma proposta antissistema, um estilo de vida econômico, contrário ao das grandes economias. A vida religiosa é um protesto contra o sistema econômico. Ser antissistema pode ser uma característica da vida religiosa. Não por viver em oposição ao que existe, mas porque opta por uma sociedade realmente humana, e a que patrocina o sistema não o é. As consequências do sistema vigente são manifestas: grande parte do mundo vive de modo desumano. O religioso, desde sua opção pela pobreza, deve estar convencido de que "outro mundo é possível". É preciso apostar com força no ser humano, mais do que na propriedade de bens, de modo que todos tenham o necessário para existir de uma maneira digna. O próprio Cristo, única referência da vida religiosa, ofereceu um programa antissistema, um sistema contrário ao estabelecido, contrário às aspirações dos poderosos, e uma atitude clara a respeito das riquezas, o que passou a ser considerado escândalo por uns e loucura por outros.

Pobreza não é optar por morrer de necessidade em um mundo rico, mas enriquecer-se dando, compartilhando. Jesus não exige que o jovem rico passe fome, mas que simplesmente coloque o que possui à disposição dos necessitados, e o siga.

7. Considerações concretas sobre o estilo comunitário: ícone de outro modo de tratar os bens, necessário para humanizar a sociedade

No nosso estilo comunitário de vida terá de acontecer o que tantos sociólogos utópicos, buscadores de uma sociedade justa e humana, quiseram: que cada um tenha de acordo com

Iguais a todo mundo?

sua necessidade; que ninguém careça do que é indispensável para sua vida. É preciso pôr em prática a tática de administração do senhor da vinha na hora de pagar os trabalhadores: dá-se o mesmo ao trabalhador da primeira hora que se dá aos que se incorporaram à última hora, pois todos precisam comer.

Por isso, nunca, nas nossas comunidades, terá mais consideração o que mais contribui para a comunidade, mas o que é mais desprendido e precisa de menos para viver felizmente.

Não existe nas comunidades diferenças de classes ou de *status* econômico, como na sociedade civil. Todos se beneficiam por igual do que se tem. Mais para os mais necessitados. De novo, o existir está acima do produzir. É-se o que se é, quer se produza muito, quer pouco. Não apenas os religiosos, mas todas as comunidades terão de exercer a economia do dom, do compartilhar. Ter muitas posses costuma ser motivo para não querer seguir a Cristo.

A respeito dos bens, o religioso se define pelo que lhe falta; ele é um despossuído, mas com a consciência de ser estimado como algo importante pelos demais, que virão em seu auxílio. A pobreza religiosa é um grito do próprio ser sobre o ter; também uma profissão de confiança no companheiro de comunidade e, por fim, na Providência.

Porque Deus há de estar em tudo isso. A economia de Deus é a de dar o necessário. Até mesmo aos trabalhadores da undécima hora. Ele é bom com todos. Como com os pássaros e os lírios. Ficar com o que não se precisa enquanto outros precisam é romper o plano de Deus: o projeto de ser humano do modo que Deus pensou.

Em resumo: uma comunidade religiosa tem de manifestar sua "humanidade" a uma sociedade cuja economia contribui decididamente para criar um mundo desumano, vivendo

Capítulo V

o espírito e as exigências literais da pobreza, da economia do compartilhar.

Trata-se de uma comunidade de bens que não permite que falte a ninguém o imprescindível, mas que não acolhe o supérfluo. Ela se compõe de pessoas que exercem a atividade humana do trabalho. Sabe compartilhar seus bens e seu ser também com os estranhos à comunidade: Jesus exige que o jovem "dê aos pobres", e não que entregue o dinheiro ao grupo dos que o seguem.[14]

---

14. Advertências: nas sociedades desenvolvidas existem setores nos quais se pratica a economia do dom; por exemplo, o seguro social atende por igual ao que pagou durante anos e ao que apenas começou a pagar ou ao que não o fez: não o deixa morrer por falta de cuidados. Não há dúvida de que essa economia do dom pode gerar e amparar a falta de empregos, mas esse é um mal derivado de um bem. Também faz que o religioso nunca se retire do trabalho, embora receba sua pensão, tenha seu meio de vida assegurado, que continue a prestar serviço aos outros e que esteja disposto a trabalhar em serviços não remunerados.

Capítulo VI
Dimensão humana da castidade consagrada

1. Introdução. Constatações prévias

Na nova redação das constituições dos institutos religiosos, exigida pelo Vaticano II, tratou-se de modo diferente o voto de castidade. Se antes se entendia como um não a um tipo de amor e de relações humanas ligadas ao sexo e ao matrimônio, com normas que visavam a consolidar a continência, os documentos do Concílio e depois as normas constitucionais o enfocam de maneira positiva: a castidade consagrada é uma forma de amar.

Isso contribuiu para que se desenvolvesse na literatura sobre a vida religiosa a necessidade de fomentar e ordenar bem a afetividade. A nova redação do que implica o voto de castidade na vida religiosa incorpora novas considerações antropológicas sobre a sexualidade; sobretudo, coloca no ponto mais alto do ser humano a dimensão afetiva. Na linha da teologia da caridade, que há pouco tempo Bento XVI desenvolveu na encíclica *Deus caritas est.*

Aconteceram também na moral cristã mudanças a respeito da compreensão do matrimônio: a primeira razão de ser do matrimônio não é ser remédio para a concupiscência ou para a necessidade de continuar a espécie, mas a de levar adiante o projeto de amor de um homem e de uma mulher. Somente o amor justifica o matrimônio. Não qualquer amor, mas um amor total e sem condições. O matrimônio é algo mais do que um contrato selado em determinado momento, mas um modo de conviver intimamente durante a vida.

Tudo isso coincide com profundas mudanças sociais sobre o modo de entender a sexualidade. E a sexualidade está se separando do afetivo, adquirindo autonomia própria, como meio de produzir prazer. A isso acrescenta-se a dificuldade para entender compromissos afetivos definitivos, em parte motivada pela vinculação desses compromissos com a atração sexual, que não se mantém com a mesma força durante a vida; e assim, se este se enfraquece a respeito da pessoa com a qual se havia comprometido a vida e surge a respeito de outra, não se fazem objeções para romper o compromisso afetivo. O afetivo tem sentido na medida em que permite a relação sexual, e não o contrário. O amor fora das relações paterno-filiais ou fraternas é sexo ou não é nada, é o que se deduz do ambiente social.

Foram superados muitos tabus no trato da sexualidade. Isso foi positivo para se tratar com naturalidade o que se refere a uma dimensão profundamente humana. Assim, com frequência não se dá importância no que diz respeito à atração amorosa, ao mistério, à intimidade, à dimensão holística, isto é, compreensiva de todo o ser humano, para se ficar com o prazer sensível. Enfraqueceu-se a virtude do pudor, e se chega a entender que tudo o que diz respeito à prática do sexo não tem outro freio senão o que a pessoa quer impor a si mesma.

2. A castidade da vida religiosa

2.1. O enfoque do Vaticano II

A castidade na vida religiosa deve ser considerada a partir do princípio geral de que a vida religiosa não pretende

Capítulo VI

nada mais do que se unir a Cristo, ter seus sentimentos e, sobretudo, amar como ele amou. É verdade que isso deve ser dito de todo ser humano. Lembremo-nos de que o seguimento de Cristo identifica o religioso ou a religiosa e é também o que identifica o cristão. Leigos e religiosos se identificam da mesma forma, mas o que singulariza o religioso é um modo concreto de seguir a Cristo; por exemplo, a começar pelo celibato. Isso, que singulariza o religioso e, portanto, seu estilo de vida, pretende proclamar o que identifica todo cristão e, ainda mais, o que identifica o ser humano: o amor. Ser "testemunha do amor" é o desafio que João Paulo II atribui à vida religiosa (RD 14).

A castidade consagrada tem por objetivo revalorizar, com seu estilo de vida, o fato de ser o amor mais forte do que o sexo. Isso ela proclama com sua renúncia a um amor com sexo, como é o matrimônio. Não rebaixa o valor do matrimônio, pois não se entende que a castidade da vida religiosa é mais perfeita do que a conjugal. Já não se fala dessa castidade como castidade perfeita diante da imperfeita, que seria a conjugal. Mas proclama com sua vida que no matrimônio, e em geral em todos os relacionamentos humanos, o mais importante é o amor. Esse é o grande serviço que a vida religiosa oferece ao homem e à mulher de hoje, sejam eles solteiros ou casados.

Não existe castidade consagrada sem amor. Assim como não se pode seguir a Cristo sem amor. Não existe ser humano sem amor. A castidade reserva para si a tarefa de fomentar a dimensão afetiva do religioso e da religiosa, já que cuida para que esta não sofra distorções e se chame de amor o que não é amor. Bento XVI nos lembra na sua encíclica que *eros* e ágape devem caminhar unidos. A vida religiosa é um desafio a favor de que *eros* esteja informado por ágape, para que não haja dissociação onde ambos devem desenvolver-se. Isso sim deve ser o ágape que dá pleno sentido ao *eros*. Ágape que deverá estar plenamente integrado na dimensão corporal humana.

2.2. Dimensão humana da castidade na vida religiosa

Não é demais insistir na dimensão humana da castidade. Desde o momento em que ela é entendida como um projeto de amor, estamos apontando para a essência da condição humana, para o afetivo. Religiosos e religiosas não são seres humanos diferentes que anulam com sua renúncia o matrimônio e a paternidade e a maternidade, dimensões essenciais da pessoa, o que reforçaria a ideia de que não poderiam ser referência para uma vida realmente humana. Não se trata de pessoas diferentes, raras, nas quais o humano se perde diante de uma dimensão religiosa que os tira do nosso mundo.

Certo modo de entender a vida religiosa poderia dar razão a essa ideia de raridade desumana. Por exemplo, quando se confunde identidade com singularidade e se acentua essa singularidade perdendo de vista a identidade. Os religiosos e as religiosas se identificam, sobretudo por serem pessoas. Não são seres raros, divinizados, seres intermediários entre os deuses e os homens. São seres humanos e não podem ser outra coisa. Não se preocupar por ser assim seria um atentado contra o seu ser. Os religiosos acreditam, como cristãos, que ser cristão ajuda a alcançar a realização humana, graças não apenas a seu esforço, mas à graça de Deus: Cristo é o modelo do homem autêntico. Como os religiosos estão tão interessados em que isso seja assim, não só para eles, mas para todos, que se singularizam optando por um estado de vida no qual renunciam a dimensões boas da condição humana, como as relações sexuais; isso permite que se sublinhe onde está o essencial que as justifica além do simples prazer: no afetivo.

Capítulo VI

2.3. Dimensão humano-teologal

A consagração religiosa e a dimensão teologal que esta dá à vida permite que sintamos melhor como o amor tem sua fonte em Deus, que criou o homem e a mulher e os criou, por amor, à sua imagem e semelhança. Reconhece que a definição desse Deus é amor. E, portanto, que todo o processo de caminhar até ele — pois nos criou para ele —, de ser semelhante a ele, passa por aperfeiçoar-se no amor. O amor não é um imperativo que se expressa no primeiro mandamento da Lei, um amor mandado, mas a resposta lógica ao amor que ele sente por nós e à semente de amor que deixa no nosso ser. O mandamento não inventa um preceito novo, mas nos ajuda a não esquecer, mais ainda, a colocar no primeiro lugar do nosso projeto de vida algo a que não se pode renunciar, se queremos ser pessoas, que nos constitui como tais: o amor; amor a Deus, aos outros e a nós mesmos.

3. As fraquezas do ser humano que professa a castidade consagrada

3.1. Os fortes impulsos sexuais

Tudo isso é um projeto magnífico que se choca com as fraquezas do ser humano. Essas fraquezas se manifestam como forças vigorosas que é preciso levar em conta para enfrentá-las. É forte a exigência da nossa natureza para romper o que singulariza a vida religiosa: a opção pela castidade que lhe é própria e a renúncia ao prazer sexual, como também prescindir do amor de esposo/esposa ou de mãe/pai. É preciso rearmar-se bem para superar esses impulsos. O religioso e a religiosa conhecem os impulsos próprios de todo ser humano, e a possibilidade de que estes não fiquem integrados no projeto de ser mais pessoa. Sentem-se fracos para fazer essa integração, fracos para assumir as renúncias por amor exigidas pela sua condição, motivo pelo qual precisam contar com argumentos claros para valorizar sua opção e, é evidente, contar com a ajuda imprescindível de Deus.

3.2. O maior perigo: a renúncia ao amor

Isso seria o mais grave, que o(a) religioso(a), como meio para manter a castidade, renunciasse ao que o(a) identifica como pessoa: a capacidade e o exercício de amar, porque isso atentaria não contra o ser religioso, mas contra a condição humana. É o mais grave, mas não costuma ser o que mais se espera. Pode-se viver uma vida religiosa, na aparência digna, reduzindo-a a cumprir o estabelecido, de modo que a maneira de agir não pretenda outra coisa, e justificar assim a opção feita. À margem ficaria o amor, ausente dos motivos pelos quais se dedica a orar, a ser casto, a integrar-se na vida comunitária, a levar a cabo diversas tarefas pastorais... Com o que, ao não se exigir o amar, a capacidade afetiva vai diminuindo, de modo que, caso se consiga que não haja o perigo de amores desviados, é pela simples razão de que se fugiu do amor.

É preciso insistir em analisar bem onde se coloca o amor, saber o que ou quem merece o amor, mas isso não deve levar a se despreocupar de analisar a capacidade de amar, de amar apaixonadamente. É preciso, portanto, dedicar um tempo para indagar, dia a dia, se somos capazes de vibrar afetivamente. Os grandes princípios nos quais se apoia a vida religiosa, como o amor a Deus que preside a opção por ela, a consagração ao próprio Deus, podem enganar: os princípios não constituem a pessoa, nem o estado de vida escolhido, mas a maneira de aplicá-los na vida de cada dia, que podemos qualificar de digno, pois se desenvolve em um

Capítulo VI

ambiente religioso, ou seja, de oração, de culto a Deus, longe dos desajustes de conduta que podem ser vistos na sociedade, como a busca do prazer a qualquer preço, a violência, ou a preocupação exagerada com as riquezas..., pode camuflar uma diminuição da capacidade de amar que se manifesta em levar uma vida "digna" sem a alegria do que se sente amado e ama, do que está afetivamente apaixonado por algo ou por alguém. Uma vida que discorreria pelos roteiros marcados, mas sem mais motor a não ser a inércia do primeiro momento ou o fato de aceitar as leis do jogo.

3.3. A solução: o amor até mesmo a Deus

O amor a Deus, amor a alguém que não se vê, mas de cuja presença misteriosa é testemunho a vida consagrada, não pode esconder uma capacidade afetiva peculiar que, segundo se diz, só se manifesta diante dele, mas que permanece apagada diante do que não seja Deus. É claro na nossa fé que o amor de Deus não é excludente; pelo contrário, se há de derramar em amor até os outros, precisamente porque se ama a Deus. Também até a si mesmo. É certo que o termo "exclusivo", que às vezes é usado quando nos referimos ao amor a Deus, pode levar a uma interpretação errada do "só Deus basta". Também é usado ao se referir ao matrimônio, para indicar que ele é formado por uma única esposa e um único esposo, e não por vários esposos ou esposas; mas isso nunca significa que o amor termina na relação entre eles. Desse amor, é claro, nasce o amor aos filhos, e também outros amores: o matrimônio cristão não é uma realidade fechada, pois faz parte de uma sociedade civil e religiosa. O matrimônio fechado sobre si mesmo acaba por deteriorar-se. É preciso, a partir do amor conjugal, estar aberto ao que está fora do casal, da família. Quanto mais forte é o amor conjugal, mais entusiasmado se está com ele, existe mais capacidade para amar aos outros. O mesmo há de acontecer com o amor a Deus. A expressão "só Deus basta" só é cristã quando vemos Deus no próximo. Aprofundar-se no amor a Deus é abrir-se a um amor universal. Desde o momento em que a pessoa está aberta ao amor, o estado em que viva, casada ou solteira, não a diminui, apenas a orienta e a hierarquiza.

Acontece que nem sempre estamos em situação de calcular como é o amor a Deus. O mistério divino não se ajusta a evidências imediatas. Nossa experiência, nossos sentimentos afetivos podem perder-se em convicções que consideramos ajuizadas, que nos asseguram que amamos a Deus, "por isso sou religioso ou religiosa", mas que não incluem a paixão, o ardor próprio dos sentimentos afetivos. Se é assim, temos de duvidar que haja amor autêntico. O plano de Deus que se realiza em Cristo para a libertação do ser humano é que Cristo nos conduza, não apenas com seus ensinamentos, mas com seus afetos. Nele, o profundo amor ao Pai é evidente, é uma coisa só com ele, é o seu filho predileto; efetivamente, vemos que Cristo transborda no amor aos outros, que sua existência é uma entrega carregada de sentimento, de força, de amar até o extremo, até a morte, a Deus, a quem confia sua vida, e aos seus. Somente um amor apaixonado a Deus, como o de Cristo, que inclui os outros, é amor a Deus. Amor que não chegará a alcançar em nós a intensidade que alcançou em Cristo, mas que terá de crescer nessa direção, terá de carregar-se de paixão, de entusiasmo e de generosidade.

4. Que tipo de amor define a castidade consagrada?

4.1. Diferentes tipos de amor. O amor de amizade

Bento XVI lembrava em sua encíclica três diferentes maneiras de entender o amor por meio da história: *eros*, com referência direta ao corporal; ágape, que introduz o elemento espiritual, sem negar o corporal; e *filia*, que vem a ser um amor de amizade, como o do ágape, e que se diferencia por não levar ao matrimônio nem estar apoiado necessariamente em razões de sangue, como o amor entre irmãos ou o amor de pais e filhos. Também existe o amor que não se pode dizer que seja de amizade por pessoas que encontramos na vida e às quais podemos prestar um serviço. Não apenas por obrigação, por coerência com a nossa fé, mas, além disso, porque se sente por essa pessoa um afeto, seja de compaixão, de ternura, de agradecimento, ou simplesmente de solidariedade por ser da sua mesma condição, mais ainda, filho do mesmo Pai. Não se pode dizer que a pessoa a quem damos essa atenção seja um amigo, mas um próximo, como nos ensina a parábola do samaritano. E, por ser próximo, não lhe é indiferente nem alheio ao próprio eu.

É essencial, para nos situarmos, que estabeleçamos que não existem diferenças precisas, matemáticas, entre diversas formas de amor. Nem estas são excludentes. Já indicamos que ágape conta com *eros*, porque é amor do ser humano íntegro, do seu corpo e da sua alma; quem ama não é o corpo nem o espírito, afirma o Papa, mas o homem íntegro. O amor de amizade, embora não exija relação sexual, inclui a diferença de sexos. Diferença que não é apenas biológica, mas também psíquica, de todo o ser humano. Falamos de seres que na sua realidade unem a dimensão carnal e a espiritual, que estão em todo o seu ser, diferenciados pelo seu sexo.

4.2. *A dificuldade para entender a amizade na nossa sociedade*

Na nossa sociedade, não se entende com facilidade que o amor forte entre pessoas que não estão relacionadas por laços de sangue possa acontecer sem relacionamento sexual genital. Trata-se de uma sociedade erotizada, debilitada pelo império de *eros*, que se converte em critério único para explicar as relações afetivas fora da família. A amizade sem sexo, sobretudo entre homem e mulher, não é facilmente entendida quando se trata de uma amizade profunda.

Não é preciso que ela seja profunda para chamar de "amigos" os que têm planos comuns, sobretudo de divertimento: os companheiros de certas atividades, pessoas escolhidas com as quais esses planos são levados a cabo e cuja presença se desfruta. Nesse caso, existe certa simpatia, ou sintonia, entre elas, mas sem chegar a intimidades, sem que haja a troca de sentimentos profundos. A palavra amizade é bela e se aplica a muitos desses relacionamentos; mas não se trata de amizade real, com a profundidade que lhe é própria, pois é mais epidérmica.

Existe também a solidariedade, que não implica necessariamente amor, porque é algo diferente; ela responde à convicção de que temos de ajudar uns aos outros, mas sem a necessidade de carregar de afeto a ação solidária. Algo realmente nobre, do que não deixamos de encontrar exemplos no nosso mundo e, às vezes, de sentir sua falta em amplos setores. Mas não é amizade.

Não procurar a verdadeira amizade, carregada de afeto, que mereceu a análise e o elogio de tantos analistas da condição humana, que mereceu uma consideração tão elevada na literatura sagrada, é gerar um grande déficit de humanidade. Como ajudar a compreendê-la e a buscá-la é um desafio que a vida religiosa terá de aceitar.

Capítulo VI

4.3. Qual é o amor da vida religiosa?
O amor de esposo(a) com Deus, com Cristo.
Realidade e perigo

Temos insistido em que não se pode entender a vida humana, como a fé cristã nos proclama, sem amor. O mesmo se aplica à vida religiosa. Por não entender bem isso, passou-se a entender e a ensinar que na vida religiosa se mudava, em um alarde de sublimação, o amor ao homem, à mulher, aos filhos pelo amor a Deus. Deus se apoderava de toda a capacidade de amar do religioso e da religiosa. Por outro lado, apareciam as metáforas, aliás, com base bíblica, do amor esponsal da religiosa com Deus, com Cristo. Muitos místicos, sobretudo místicas, insistiram nisso. E parece que viveram esse amor. Com os homens isso apresentava dificuldades evidentes ao referir esse amor a Cristo. Deus não é nem homem nem mulher, apesar de sempre ser compreendido como masculino e, teoricamente, se aplicaria aqui a metáfora do relacionamento esponsal com o varão; mas Cristo, sim, é homem. Os místicos, por exemplo São João da Cruz, revertiam todo o seu ser à alma, com o que aparecia um elemento feminino que podia enamorar-se de Cristo, varão. Do mesmo modo metafórico se estabelecem relacionamentos maternos e paterno-filiais na vida religiosa: religiosos e religiosas que são pais e mães, religiosos que são "pais espirituais".

O sentido metafórico dessas expressões não deve causar surpresa, pois está amplamente usado na Sagrada Escritura. É preciso, contudo, que entendamos que estamos usando metáforas, apoiando-nos em algumas semelhanças com o relacionamento dos que, em sentido pleno, são esposos ou pais. O perigo é procurar uma saída que compense a frustração por não ter esposo, esposa ou filhos, um sucedâneo para aquilo a

Iguais a todo mundo?

que se renunciou. Uma religiosa pode e deve estar enamorada de Cristo, entusiasmada com sua pessoa, mas não como com o esposo que não tem; pelo menos, a respeito da paixão que pode e deve ter quem está casada e também está apaixonada pelo marido. Cristo não toma o lugar de nenhum marido. Uma coisa são as figuras poéticas ou literárias para explicar esse entusiasmo e outra é achar que se encontrou um bom substituto para o marido que lhe falta em Cristo.

A origem dessas expressões está no fato de que, de algum modo, se há de expressar esse relacionamento afetivo com Cristo, com Deus. Cristo vive ressuscitado, intervém na nossa história, mas não está sujeito a ela; teve um corpo como o nosso, pelo qual as mulheres puderam enamorar-se, mas agora seu corpo transformado tem uma realidade diferente. Pobre seria que esse enamoramento chegasse a estar dotado de algumas das representações que temos do Cristo histórico. Digamos o mesmo a respeito de Deus, o Pai: ele é a fonte do amor, quem nos criou para amar a ele com todo o nosso coração, com toda a nossa alma, com todas as nossas forças; mas, é claro, Deus não toma o lugar de nenhum pai; ele está em um nível superior ao de qualquer pai.

Amor a Deus no mistério

O problema surge precisamente porque Deus não se apresenta a nós com a evidência de um pai; ele existe no mistério, e o nosso amor também exige carne, isto é, uma realidade tangível, palpável, visível, que fale com uma voz que possa ser captada pelos ouvidos: nós procuramos sempre um amor humano, não angélico. Por isso, o próprio Deus quis se manifestar em Cristo e quer que o vejamos no próximo. Ele quer que entremos no mistério do seu amor, com

Capítulo VI

os olhos fechados, com o coração aberto para sentir sua presença amorosa, como se pode sentir o mistério. Pensemos que esse sentimento amoroso choca com o amor erotizado que existe na nossa sociedade. A solução para a dificuldade de não sentir o amor a Deus não é rebaixar Deus à realidade palpável, como a do pai que conhecemos. É preferível entregar-se ao mistério, à opacidade do mistério e deixar-se levar pela fé. As convicções, nesse caso, hão de suprir, nunca suficientemente, a falta de sentimento.

Amor a Deus no próximo

Em todo caso, se não podemos sentir diretamente essa realidade amorosa de Deus, somos chamados a sentir sua presença em quem podemos tocar, na pessoa com a qual convivemos, no pobre, no necessitado; em geral, no ser humano. O sentimento de amor deve ser um golpe de simpatia, de ternura, de compaixão, suficiente para que cheguemos ao serviço de vestir o que está nu, de dar de comer, de beber... Não expressamente porque o fazemos a Deus, mas porque brota do nosso interior, do nosso modo de pensar e de sentir o necessitado. Deus não estará alheio, embora não o tenhamos visível; onde existe amor, aí está Deus. E Deus se ausenta de onde não existe amor; ou melhor, nós nos ausentamos, se não amamos, da sua presença.

Amor de amizade

Se continuarmos analisando como há de ser o nosso amor, ao chegar a essa inclinação afetiva que nos leva a ajudar, de algum modo, o necessitado, podemos perceber que esse golpe de amor, de compaixão, de ternura pode ter muito de sucesso indiscutível, mas não cria uma situação de vínculo amoroso nem de intimidade afetiva permanente. Cristo disse a seus discípulos, pelo contrário, "permanecei no meu amor". É preciso que procurem um relacionamento afetivo constante, que há de acompanhar sua vida. É isso o que Cristo entende por amizade e por isso faz deles amigos. A amizade é, portanto, constância no profundo compromisso afetivo que nos une ao outro. Vejamos.

5. Amor de amizade em Jesus

5.1. O fato

Cristo chamou seus discípulos de amigos, de acordo com a versão de São João. Não os chamou, por exemplo, de irmãos. Levemos em conta que Jesus falava do Pai, do seu Pai, de modo diferente de como falava aos outros. Deus é o "meu Pai e o vosso Pai". Não é Pai do mesmo modo. Por isso, ele ensina a seus discípulos a oração do pai-nosso para que eles a rezem. Ele não a reza na sua integridade, ele não é filho da mesma maneira, como tampouco pode pedir perdão pelas suas ofensas... Não é que ele descarte a relação de fraternidade com os discípulos, mas no evangelho não aparece explicitamente. Os discípulos são isso, discípulos (ele é o Mestre), mas, além disso, são amigos. Amigos eram Maria e Marta, e amigo era Lázaro. Amigos pelos quais dá a vida.

Amizade que não só se resume no fato de que assim são explicitamente considerados, mas no fato de que, em seu relacionamento com eles, se observa o que é próprio da amizade. Jesus gosta de conviver com eles, é convidado às suas casas, e convida a que o sigam, não circunstancialmente, mas de modo permanente, deixando tudo o mais. Ele desejou ardentemente celebrar a Páscoa na sua companhia. Ama-os até a morte. E quer vê-los ao seu redor. Quando, entre sua morte e

Capítulo VI

Pentecostes, os 11 se reúnem para escolher quem deve substituir Judas Iscariotes, procuram alguém que tenha convivido com eles quando tinham a presença visível de Jesus. Eram mais os que seguiam a Jesus, mas ele distinguiu 12 com uma convivência mais íntima, com sua amizade. Distinguiu 12, e Judas também. Lembremo-nos de que, no momento da traição, Jesus lhe disse: "Amigo, a que vieste?". Ainda temos de assinalar que, entre os 12, três deles – Pedro, Tiago o Maior e João – mereceram uma confiança maior. Ele os escolhe seja para presenciar sua glória no momento da Transfiguração, seja para que o acompanhem no momento da oração na agonia do horto. Sobressai ainda a figura de João como a do discípulo amado. Embora quem, de acordo com o mesmo João, deva fazer uma profissão reiterada de amor é Pedro: "Pedro, tu me amas...?". Jesus até anuncia que "a quem o ama e guarda sua palavra o Pai o amará e iremos a ele e nele faremos morada". Promete, portanto, manter a convivência iniciada na terra quando descansar no Pai. Convivência que é tão íntima que resulta em união, como a videira e os sarmentos. Por isso, insiste: "Permanecei no meu amor". Não basta que ele ame e eles se deixem amar; é preciso que correspondam com amor. O sinal de que o amam é que cumprem seus mandamentos.

5.2. Características dessa amizade
Escolha

Ele escolheu os que achou que eram capazes de ser dignos dessa confiança, embora nunca se tenha esquecido de sua fraqueza de caráter nem que poderiam lhe voltar as costas, negá-lo, desentender-se com ele ou mesmo entregá-lo aos judeus. Ele não os escolheu por motivos morais, não procurou para amigos os mais perfeitos, mas alguns que decidiram segui-lo e fizeram um primeiro gesto de aproximação. Eles aceitaram o convite, foram atrás dele. Confusos, sem dúvida, sem saber bem com o que se comprometiam, mas atraídos pela força do mestre. Escolheu os que ele quis fazer seus amigos. Sem mais nenhuma razão, como acontece com os amigos. Como amigos, recomenda que continuem sua obra, motivo pelo qual lhes diz que essa amizade que lhes dedica deve manifestar-se no cumprimento da palavra dada, que realizem o encargo que lhes dá: que guardem os mandamentos. O primeiro mandamento é que se mantenham unidos no amor com que ele os amou, ou seja, o amor de amizade.

Confiança

Própria da amizade é a confiança entre os amigos. Confiança nascida da íntima união com eles. Jesus lhes recomendou que continuassem sua missão. Ele conhecia-lhes as fraquezas, mas, apesar de tudo, colocou neles sua confiança. Não os abandonará nem depois da sua morte. Estará com eles depois da ressurreição; na Galileia ou em Jerusalém, de acordo com os diferentes relatos evangélicos, se fará presente. Reiterará seu mandamento de que preguem, batizem, perdoem, ou seja, que realizem a tarefa da libertação, o que é próprio do Reino. Em suas mãos confia a continuidade da sua obra.

Confidência

A confiança se manifesta na confidência. Não se trata apenas de informar a quem continuará a obra sobre como levá-la a cabo; o que poderíamos chamar de uma informação profissional que se limita a comunicar o que se sabe, mas que confia a plenitude de seu ser; Jesus revela o mais profundo e misterioso de sua pessoa: a intimidade com o Pai, o prazer de estar com eles, a tristeza pela traição e a paixão e a morte que se seguirá... Jesus se abre com os apóstolos. Abre-lhes seu coração. Judas Tadeu lhe pergunta por que eles foram escolhidos para receber suas confidências (Jo 14,23). Jesus chega a dizer, no estilo próprio de João, que propõe perguntas que depois não responde diretamente, o que se deve ao fato de confiar no amor deles para com ele, amor que lhes permitirá "guardar sua palavra". Jesus entregou aos apóstolos o que o Pai lhe havia mostrado (Jo 17,21). Não existem segredos entre ele e os apóstolos.

Amizade com o Pai no meio. "Como o Pai me amou"

No meio ou na origem. Santo Agostinho disse que só existe amizade verdadeira entre aqueles que Deus une por meio do amor. Jesus ama os apóstolos no Pai. Essa expressão não diminui a relação horizontal, o afeto autêntico e absolutamente humano de Jesus a seus amigos. Mas Jesus sabe que o que une é o amor, e que a origem do amor está no Pai. Ele próprio é produto do amor do Pai pelo mundo. Como está escrito na Constituição Pastoral *Gaudium et spes* (As alegrias e as esperanças) do Concílio Vaticano II, ama com coração de homem. Ama em plenitude, porque esse amor ele o aprendeu do Pai. Porque sabe que o Pai também os ama. É verdade que o Pai ama a todos, discípulos ou não; também ama os que o condenam, ama o mundo e envia o seu Filho, que se encontrará com pessoas desse mundo como, por exemplo, Herodes, que querem matá-lo. Mas aos apóstolos ele ama como amigos do seu Filho. No sermão de despedida, Jesus vai alternando o amor a seus discípulos como amigos com o amor que o Pai lhe dedica e que há de transmitir a eles, seus amigos.

6. Antropologia da amizade

O tema da amizade tem sido muito querido por vários pensadores. Na *Bíblia*, vemo-lo refletido na amizade de Jônatas e Davi. O mundo clássico mostra uma preocupação muito generalizada por essa relação humana: Platão, Aristóteles, Cícero e Sêneca são um exemplo. Para todos eles, a amizade é uma aproximação afetiva profunda e livre entre as pessoas. Também autores cristãos dos primeiros séculos nos deixaram belas páginas sobre a amizade. Em especial, Santo Agostinho, São Basílio, São Gregório Nazianzeno e, posteriormente, o monge Elredo.

Muito se escreveu sobre a amizade. A amizade é um dos mais belos relacionamentos que um ser humano pode manter. É um presente, uma sorte, ter amigos. É certo que a palavra amizade, como a palavra amor, está muito gasta; seu significado está muito frivolizado. Qualquer relacionamento é chamado de amizade. Mas nós não podemos, por isso, renunciar a ela, mas insistir nela para que recupere seu significado autêntico.

Amizade é amor, um modo de amar. De acordo com Santo Tomás, é a forma mais sublime de amor. Como todo amor, leva à união de corações, à intimidade: o amigo é outro eu, dizia Cícero. Amor estável, duradouro, permanente. Não é o bom relacionamento de um dia ou de uma temporada de convivência em uma viagem ou no desempenho de uma tarefa, continuada por uma série de comunicações por carta. É amor benevolente, que quer o bem para o amigo. Mas a amizade não consiste apenas em querer bem e em fazer o bem; ela procura uma relação íntima e permanente. Posso e devo fazer o bem a quem eu encontro no caminho, como o bom samaritano; mas não se exige que eu estabeleça uma relação de amizade. É permanente porque se aninha no fundo do coração. É amor que exige reciprocidade. Não consiste em convencer o outro sem esperar nada dele. Sempre se esperará a resposta amorosa. Não se trata do amor do pai ao filho pequeno, de quem não se pode esperar mais do que um sorriso. Não é o amor de esposos, embora este seja íntimo e estável. A amizade pode ser entre pessoas do mesmo sexo e fica à margem da relação sexual do matrimônio. É amor que responde a uma escolha livre: os irmãos e os pais nos são dados; os amigos nós escolhemos.

7. A amizade na vida religiosa

7.1. Da fraternidade à amizade

É um amor que está ao alcance de todos. Por isso, os que não têm a oportunidade de amar como pai ou mãe, como esposo ou esposa, hão de promovê-lo. É por esse motivo que é imperioso que o religioso e a religiosa se aprofundem na amizade. Promove-se, e agora com mais insistência do que em outras épocas, o amor na comunidade, amor convertido em serviço mútuo. Amor que se compreendeu melhor como amor de fraternidade, amor de irmãos e irmãs. É lógico que todos na comunidade somos "frei", "sóror", "irmão", "irmã". Tudo o que se insistir sobre esse amor fraterno será pouco. *A vida fraterna na comunidade*, documento da Congregação para os Institutos de Vida Consagrada e as Sociedades de Vida Apostólica (CIVCSVA), que versa sobre a fraternidade na vida religiosa, é uma referência obrigatória. Trata-se de um dos documentos mais belos que saíram do Vaticano. Não existem constituições de instituto religioso que não insistam no mesmo. Também *Vita consecrata* (Vida consagrada) sublinha o amor fraterno e obriga a vida religiosa a ser testemunho de que, na Igreja e na sociedade, pode existir um tipo realmente humano de solidariedade.

Iguais a todo mundo?

A comunidade, como realidade baseada no amor fraterno e no serviço mútuo, constitui o critério mais determinante para avaliar a resposta à vocação religiosa. As crises comunitárias são as crises mais graves da vocação. A felicidade na comunidade é a que faz a pessoa se sentir feliz na vocação. Uma felicidade ou satisfação que se tenha na atividade pastoral, ou no relacionamento íntimo com Deus na oração, que depois entre em choque com uma vida comunitária fria, acaba em fracasso pastoral e também, definitivamente, de oração, de vocação.

É preciso, contudo, ver as diferenças entre um amor fraterno e um amor de amizade. A fraternidade, masculina ou feminina, baseada exclusivamente em ter o mesmo sangue, degenera em conflitos, se não se cultivou um relacionamento afetivo não apoiado exclusivamente em ter os mesmos pais. Os irmãos nos são impostos, ou melhor diríamos, nos são presenteados, mas sem que ninguém nos pergunte se nos agradam, para o que é preciso que exista uma escolha nítida em cada irmão de viver como irmãos. Essa escolha aproxima a fraternidade de uma relação de amizade.

A vocação religiosa, que tem como regra a de Santo Agostinho, sabe que o primeiro motivo para que a sigam os que estão no convento é ter uma só alma e um só coração em Deus. Contudo, com frequência se entende que a convivência fraterna vem a ser como algo que é acrescentado a outras características pessoais que descobrem a existência de vocação religiosa, como a piedade, a sensibilidade em relação ao necessitado, o desejo de uma vida de contemplação ou de apostolado, etc. Costuma-se contar com o que se terá de viver na comunidade, mas com certa frequência não se avalia a capacidade de cada membro para conviver, para levar adiante sua vocação religiosa. O discernimento sobre a capacidade de

Capítulo VI

convivência é mais significativo e necessário quando se trata de vocação para a vida monástica, na qual a comunidade é estável, e estável deve ser a opção por incorporar-se a ela. Todavia, é impossível aproximar-se da vida monástica com um conhecimento profundo daqueles com os quais se tem de estar afetivamente unido na comunidade; sempre é preciso um processo de integração, antes de tudo afetiva. Em outros tipos de vida religiosa, a mudança de comunidade é o normal. Jesus escolheu os discípulos; eles não o escolheram. Nem os discípulos escolheram uns aos outros, embora algum deles deva ter convidado o outro a se aproximar de Jesus. A chamada fraternidade religiosa, que é o efeito de conviver debaixo do mesmo teto com um projeto comum de vida, não se pode apoiar na escolha dos amigos, e por isso deixa espaço a um modo de amar mais profundo. Exige proximidade afetiva que se manifesta como acolhida de uns aos outros e também disponibilidade para o serviço e a ajuda mútua; mas pode ser insuficiente na hora de suscitar a proximidade afetiva própria das relações de amizade.

A fraternidade é um passo imprescindível, mas, a partir da perspectiva do sujeito, de sua capacidade de amor, deve evoluir para a amizade, até uma relação que surge do íntimo da pessoa sem a necessidade de a impor como uma obrigação, como exigência da vocação escolhida, mas como algo que se apoia unicamente no amor, na intimidade afetiva. O lógico é que a amizade não aconteça entre todos os membros da comunidade, mas sim entre alguns. A vantagem imediata da relação de amizade é elevar a qualidade do amor. Este se torna mais puro, mais espontâneo, não precisa atender às razões alheias ao fato de amar. Como no namoro entre duas pessoas, tampouco é preciso procurar o motivo pelo qual surge a amizade. O mesmo acontece nas relações conjugais: o relacionamento

Iguais a todo mundo?

entre esposos terá de avançar até uma relação de amizade, de confiança e de confidência, de união íntima, de reciprocidade afetiva quando a atração física não seja mais tão forte. Também nos relacionamentos paterno-filiais: filhos amigos e pais amigos dão ao relacionamento uma espontaneidade, um frescor e uma profundidade que supera o afeto que surge do fato de ser da mesma carne e do mesmo sangue, e que se resume em uma comunhão espiritual, de intercâmbio de afetos no mesmo nível.[15]

No documento *Novo millenio ineunte* (No começo do novo milênio), João Paulo II afirma que a espiritualidade real que deve surgir da Igreja é uma espiritualidade de comunhão, e se pergunta: "De fato, o que isso quer dizer?" Ele responde que, entre outras manifestações de amor, "espiritualidade da comunhão significa, além do mais, capacidade de sentir o irmão de fé na unidade profunda do Corpo Místico e, portanto, como 'um que me pertence', para poder compartilhar suas alegrias, para intuir seus desejos e atender às suas necessidades, para lhe oferecer uma verdadeira e profunda amizade" (nº 43). Isso que se diz da comunhão eclesial se dirá com mais razão da comunhão na vida religiosa, que há de ser ícone dessa comunhão eclesial.

7.2. Amizade a serviço da caridade

São dois níveis de amor que aparecem no documento citado, *Novo millenio ineunte,* como exigência de uma espi-

---

15. Nesta linha assinalo que a relação entre o chamado "pai espiritual" e o "filho ou filha espiritual", que se refere à ajuda espiritual que presta o "pai", é mais efetiva quando entre pai e filho ou filha acontece uma relação de amizade, um afeto recíproco carregado de confiança, como aconteceu na vida de muitos santos.

ritualidade de comunhão. Primeiro nível: "sentir" o irmão, — todos são irmãos —, o que torna menos extenuante o serviço. Segundo nível: "oferecer-lhe uma amizade autêntica", não a todos necessariamente; isso implica uma união mais íntima e uma intensidade especial na capacidade de amar.

Os amigos são sempre poucos, e os necessitados com os quais é preciso fazer o trabalho de ajuda são muitos. Esse exercício que há de ser de amor e que se expressa nas chamadas "obras de misericórdia" não é necessariamente de amizade. Costuma-se usar o termo caridade e se fala em fazer caridade. Sendo assim, a caridade reduzida à esmola é muito imperfeita. A caridade autêntica não dá o que se tem, mas o que se é. Esse serviço de caridade ou de misericórdia, compreendido dessa maneira, ainda não é amizade. Embora o agraciado com ele se mostre cordialmente agradecido diante de quem se aproximou dele, isso não cria uma relação de amizade. Nem espera isso quem oferece o serviço. O samaritano não se converteu em amigo do que sofreu assalto e ficou ferido. Pode ser que não tenha voltado a vê-lo. A ação misericordiosa não espera, necessariamente, a reciprocidade afetiva estável da amizade, que exigiria maior conhecimento mútuo, profunda confiança... Esse é o serviço que leva à atividade pastoral e, sem dúvida, a uma autêntica vida comunitária, como veremos nos próximos capítulos.

Dito isso, de modo algum se nega o grande valor das "obras de misericórdia", das quais temos de dar conta no fim da nossa vida, como nos diz o capítulo 25 de São Mateus. Mas isso ajuda a entendê-las mais plenamente. Ajuda a entender que, mais do que oferecer pão, água, roupa, a visita ao enfermo ou ao preso, é preciso dar o coração. Embora se chegue a esse serviço afetivo, falta ainda muita coisa para a amizade. Sem dúvida, se existe amizade, a atenção ao amigo necessitado surge de modo mais espontâneo. Mais ainda: aqueles que conhecem a amizade estão em situação melhor para serem misericordiosos com todos, porque estão acostumados a não estar fechados sobre si mesmos mas abertos para o outro, que é outro eu. Misericórdia quer dizer dar o coração — não alguns bens concretos — ao necessitado, ao "miserável".

7.3. Amizade purificada

Sabemos que houve certo receio a respeito da amizade entre os membros da comunidade ou destes com pessoas alheias a ela. Receios que puderam ter seu fundamento. Ninguém pode ser tão iludido que não tenha consciência de que o mais nobre, nesse caso a amizade, pode se degradar. Como acontece com a oração, que pode ser usada como arma contra o próximo, como inibição de compromissos comunitários, como autossatisfação farisaica... Mais ainda a amizade, como qualquer dos aspectos nobres da vida, como a própria vida humana, nunca é pura na sua totalidade; pelo contrário, precisa estar em contínuo processo de purificação.

Nada disso pode levar a fechar a porta à amizade. Seria reduzir a capacidade de amar. E isso seria mais grave, porque afeta o núcleo do que somos. Fugir dos grandes compromissos pelo perigo de que possam apaixonar levaria a renunciar ao matrimônio, ou à vida religiosa, porque nunca será um perfeito casado nem um perfeito religioso. A inibição por medo supõe consolidar a imperfeição absoluta dessa pessoa que renuncia a amores profundos e a compromissos radicais.

Na amizade, como em tantas nobres realidades da condição humana, cabem muitos graus. A amizade é um processo que passa por várias vicissitudes, que terá de superar crises. Entre elas, a de acomodação, a rotina, a crença de que já se conseguiu um nível suficiente de amizade. A amizade exige que se aprofunde nela cada vez mais, purificá-la do que a enfraquece...

7.4. A vida religiosa, escola de amizade

A vida religiosa terá de ser uma escola de amizade, do autêntico amor de amizade, tanto dentro da comunidade como nos relacionamentos com alguma pessoa fora dela. Um grande serviço se prestará à Igreja e à própria sociedade, se ambas puderem olhar para a vida religiosa para ver o que é esse amor de amizade. A amizade nunca reduz os laços afetivos com os que não chegam a ser amigos, não cria grupos fechados de "amigos". Pelo contrário, ao aumentar, à força de exercício, a capacidade de amar, o amor se difunde até os outros como algo que surge do coração do modo mais espontâneo. O matrimônio mais unido é o mais disposto para ter amigos e amigas. Os religiosos e religiosas que conhecem a amizade por algumas poucas pessoas estão em melhor disposição para se aproximar afetivamente dos demais. Estão mais dispostos para o serviço comunitário de ajuda mútua. O que rechaça a amizade, pelo que pode parecer como de exclusividade no amor, acaba não amando ninguém. Essa é uma tarefa humanizadora da vida religiosa: mostrar com sua vida a grandeza do amor de amizade.

8. A amizade e Deus

8.1. Deus oferece amizade

Deus amigo, com amigos entre os homens, não é um conceito alheio à Sagrada Escritura. Nós o encontramos em alguns salmos. De Moisés se dizia que era amigo de Deus. A amizade na tradição teológica de Santo Agostinho e de Santo Tomás é a expressão da relação íntima com ele. O estado de graça, de estar bem com Deus, chama-se amizade com Deus. Para Santo Tomás, a amizade é a forma mais perfeita de amor, é a que expressa o amor que Deus tem por nós e como temos de amar a ele ("que tens tu que procuras minha amizade?"). Em termos mais clássicos ainda, bem conhecidos, a amizade é a expressão mais adequada da caridade. Não existe um modo melhor de viver a caridade do que em um relacionamento de amizade.

É verdade que não existe entre Deus e nós a reciprocidade que existe entre pessoas amigas. Tampouco ele pode beneficiar-se com nossa benevolência, nem sequer com nosso amor: nós somos os únicos beneficiados, embora sua encarnação em Cristo, como temos dito, permita essa reciprocidade, procurada pelo próprio Jesus.[16] No capítulo 17, São João mostra Jesus orando ao Pai, declarando sua união com ele para que seus discípulos, unidos a ele, também estejam unidos ao Pai. Essa união, própria do amigo que Jesus quer manter com seus discípulos, surge da iniciativa do Pai, dele vem o relacionamento de amizade. É por isso que a santa de Ávila define a oração como "tratar de amizade com quem sabemos que nos quer". Não é tratar sobre a amizade, mas dialogar como se faz entre amigos, pondo palavras, mas sobretudo coração.

Se isso é assim, sempre cabe uma pergunta: como podemos tratar de amizade com Deus, senti-lo como amigo..., se não temos a experiência da amizade entre nós? Vem ao pensamento, inevitavelmente, a expressão de São João: "Não digam que amam a Deus a quem não veem, se não amam o

---

16. Cf. GALILEA, S. *La amistad de Dios. El cristianismo como amistad*. Madrid. Paulinas, 1997.

Capítulo VI

irmão que vocês veem". Esse é um forte motivo para estarmos abertos à amizade; e é uma preocupação sentir que, se não temos amigos, mas somente companheiros ou companheiras, membros da mesma comunidade, irmãos de religião, é sinal de que não entendemos muito de oração.

8.2. Amizade em Deus

Surpreendeu-me um texto de Ludwig Andreas Feuerbach (1804-1872), o filósofo materialista alemão que achava que Deus era uma invenção do ser humano: "amizade verdadeira só existe onde os limites dela são observados com uma consciência religiosa, com a consciência do crente quando venera a dignidade do seu deus". Ele deveria dizer que não são os limites da amizade, mas sua profundidade sem limites, que bebemos na nossa fé em Deus amigo. O Padre da Igreja Santo Agostinho (354-430) afirmava: "Só existe amizade verdadeira entre aqueles a quem tu (Senhor) unes entre si por meio da caridade". Também diz o santo: "Ninguém pode ser verdadeiramente amigo de outra pessoa se não for primeiro amigo da própria Verdade". Amizade verdadeira quer dizer, em Santo Agostinho, plenitude de amizade. Ele não nega amizades verdadeiras entre os não crentes, aos quais falta o fundamento divino da amizade. O religioso, por essa referência a Deus que pertence à definição de sua vocação religiosa, tem de encontrar no amor de Deus a fonte de sua amizade. Não procurar ou não manter a amizade é desperdiçar a água que sai dessa fonte para nos dar vida.

Vita consecrata diz: "A verdadeira profecia nasce de Deus, da amizade com ele, da escuta atenta da sua palavra nas diferentes circunstâncias da história" (nº 84). O caráter profético da vida religiosa está unido à vida religiosa e à sua missão. Esse caráter profético não se bebe apenas ouvindo a

Palavra de Deus, mas também na amizade com ele. O profeta não é um simples transmissor de uma Palavra ouvida, mas de uma experiência vivida: uma experiência de amizade com Deus. Desde a amizade com Deus que, como temos dito, implica confidência, o profeta reinterpreta a realidade e proclama a verdade.

A fórmula "querer-se em Deus", esclareçamos para terminar, também pode ser muito mal utilizada. Quando duas pessoas religiosas manifestam seu distanciamento afetivo, não é difícil que cuidem de se desculpar dizendo que se querem em Deus ou em Cristo. Não obstante, é o amor de Deus, derramado em nossos corações através do Espírito, o que fundamenta a relação de amizade. É mau ter o coração fechado ao amor a uma ou mais pessoas, mas pior ainda é desculpar-se afirmando que existe um amor que se eleva a Deus evitando o próximo.

9. A modo de conclusão

Não se trata de se empenhar na tarefa de ter amigos à força, que leva algumas vezes a comprá-los. Entre "amigos" conseguidos desse modo não haverá verdadeira amizade, viciada como está desde sua origem. Trata-se de estar aberto à amizade, ao amor, para oferecê-lo e recebê-lo. Trata-se de evitar ter medo da amizade, evitar colocar-se na defensiva por medo de que não seja verdadeira amizade o que se procura ou de complicar a própria vida — o amor sempre a complica, que o digam isso pais e mães. Não nos esqueçamos de que precisamos oferecer relacionamentos profundos de amizade ao nosso mundo, que só entende de afeto por razões de sangue ou com uma profunda carga sexual. Devemos proclamar que existe um antigo modo de amar, nunca superado, para o qual devem caminhar os outros modos: o matrimonial, o fraterno, o filial, o paternal, que é o amor de amizade.

Capítulo VII
A vida comunitária, ícone de uma nova humanidade

1. Convivência social e comunidade

1.1. Do conselho evangélico da castidade à vida em comunidade

Viver a castidade na vida religiosa é oferecer um valioso testemunho do que é a amizade. Essa amizade pode ser vivida com todos os membros da própria comunidade. Isso seria o ideal, mas não há motivo para que seja assim. As comunidades religiosas não são comunidades organizadas em torno da amizade, não são amigos que se juntam para conviver. Eles não escolhem a comunidade local, como se escolhem os amigos. A comunidade se amolda de acordo com decisões dos superiores. Se o conselho evangélico da castidade bem vivido exige que se amplie a capacidade de amar e de amar intensamente a certas pessoas, e servir de referência para aqueles que colocam o amor para certas pessoas no centro de suas vidas, a vida em comunidade há de ser referência, modelo, das relações entre as pessoas que formam diferentes grupos sociais.

1.2. Necessidade e desafios da convivência social

A vida social não se organiza em torno da amizade, mas exige convivência pacífica. Na vida da sociedade é necessário compartilhar espaços e tempos, e mais ainda projetos e

Iguais a todo mundo?

tarefas, com os outros. Formam-se associações de vizinhos, esportivas, culturais, de trabalho..., e também religiosas. Homens e mulheres gostam de procurar outros que tenham gostos e interesses comuns, ou que precisam se apoiar nos outros para levar a cabo diversos projetos. No alto de tudo situa-se a organização administrativa da sociedade que, nestes tempos de globalização, ultrapassa até mesmo as fronteiras nacionais. Viver é conviver: pessoas, grupos, nações...

A convivência é um desafio permanente à condição humana. Digamos com a linguagem da informática que o ser humano, por defeito, cria a convivência, e que com a mesma força, ou mais, a destrói. Ele precisa da convivência, mas sente a tentação contínua de servir-se dela. A convivência é espaço, por isso, de choque de interesses que a tornam difícil, às vezes inviável, de modo que com certa frequência se converte em espaço onde uns e outros se enfrentam com diferentes graus de violência. Desse modo, a convivência, que por si é elemento essencial da realização humana, se converte no campo no qual aparece com nitidez o desumano que existe no homem e na mulher. De modo que não resta outro remédio senão fixar algumas leis que evitem a mútua destruição.

Nos grupos sociais, os que entendem a convivência como configuradora da condição humana, espontaneamente ou por encargo da sociedade, se esforçam a servir a essa convivência, a ajudar aos que têm necessidades, a estimular os que encontram dificuldade para conviver. Tratam de fazer que valores como a liberdade, a justiça, a igualdade de oportunidades, a solidariedade sejam aceitos e fixem as normas da convivência. Mas não é fácil conseguir uma convivência que, na realidade, seja humana e humanize. São indispensáveis referências e ajuda.

Capítulo VII

1.3. O Reino dos céus, a nova humanidade

Na fé cristã, a referência é o Reino dos céus e seus valores, como os encontramos no evangelho. Cristo prometeu sua ajuda porque conhece nossa fraqueza. É certo que o Reino dos céus se baseia em uma atitude subjetiva, impossível de ser regulada por leis sociais, como é o amor. Mas esse amor tem diversas manifestações. Uma, como vimos, é o amor de amizade que Jesus oferece aos seus. Outra é o amor que se reflete em compromissos com quem não é amigo, mas é próximo, sobretudo se está necessitado, como a acolhida ao outro, juntar forças visando a objetivos nobres, estar uns a serviço dos outros, etc., tudo o que constitui uma sociedade solidária, humana.

Jesus, ao deixar como legado supremo o amor de uns aos outros, não exige que eles sejam amigos, mas que se sintam responsáveis uns pelos outros por serem filhos de Deus Pai, portanto irmãos. A vida de todos e de cada um tem de se apoiar na fraternidade, que se desvela com mais força e se acentua ao sentir-se unido em Cristo. Ser cristão é viver em comunhão. Comunhão afetiva e efetiva.

1.4. Primeiras comunidades cristãs

Assim o entenderam as primeiras comunidades cristãs, como relata São Lucas nos Atos dos Apóstolos. Esse tipo de comunidade não exige a intensidade afetiva e seleta da amizade, pois se estende a todos, não cabe aí uma seleção. Além do mais, os cristãos estão convencidos de que o mais "próximo", de acordo com a parábola do samaritano, não é necessariamente o que está mais perto, mas o mais necessitado com o qual nos encontramos na vida. Ele exige dar de comer, de beber, de vestir... como lemos no evangelho no

Iguais a todo mundo?

capítulo 25 de São Mateus. É claro que com afeto. Esse afeto é o que torna a ação humana. Afeto, convém não esquecer, que é necessário também para que seja cristã e, portanto, humana, a ação pastoral.[17]

As comunidades cristãs chamaram a atenção do entorno social. A exclamação "vejam como se amam", que, de acordo com Tertuliano, expressava o assombro dos pagãos, é testemunho disso. As comunidades cristãs são o fermento que induz à humanização da massa humana. Se o fermento perde força porque a comunidade se converte em um campo de luta pelos primeiros lugares, ou seus membros se fecham em si mesmos e voltam as costas para o outro, trai sua condição cristã e deixa de ser levedura que fermenta a sociedade. É a dos fariseus, como diria Jesus.

1.5. Comunidades religiosas

Pois bem, as comunidades religiosas, a vida em comum na vida religiosa, pretendem reproduzir a vida dessas primeiras comunidades cristãs de acordo com o relato dos Atos. Algumas instituições, como a de Santo Agostinho, dizem-no expressamente: "A primeira razão pela qual vos haveis congregado em comunidade é para que habiteis com uma só alma na casa, e 'tenhais um só coração e uma só alma'" (AT 4,32).

Durante muito tempo perdeu-se de vista essa interpretação da vida em comunidade. Pode-se dizer que ao lon-

---

17. Não julgo intranscendente que, aos que não assistiram os necessitados, sejam condenados ao castigo "preparado para o demônio e seus anjos"; para os seres humanos, não existe castigo preparado. Somente aqueles que abandonam sua condição humana agindo desumanamente se apartam do que está preparado para os seres humanos e se condenam à situação desumana, própria do demônio e de seus anjos.

Capítulo VII

go da história da vida religiosa sempre existiu a tentação de perder de vista, na comunidade, o relacionamento fraterno entre seus membros como elemento que moldava a pessoa e tinha um claro sentido missionário. Dava-se grande valor, sobretudo, ao cumprimento assíduo das observâncias regulares: o bom religioso ou religiosa era o "observante"; apreciando seu valor sacrificial, entendia-se a vida comunitária exclusivamente voltada para a atividade apostólica. A grande tentação dos mosteiros, apesar das advertências dos fundadores, foi converter a vida monástica em uma coexistência bem regulada de monges, na qual o essencial era a submissão rigorosa às normas do mosteiro. Inclusive se pode entender como tentação procurar ser fiéis à contemplação, à relação direta com Deus, descuidando das relações entre os membros do mosteiro. A grande tentação das ordens mendicantes foi, além da dos mosteiros, separar a vida comunitária da vida de atividade pastoral, deixando a esta a primazia. Com isso, a humanização das relações intracomunitárias deixava de ser preocupação, porque tampouco se fazia referência ao afeto como razão principal da comunhão de vida. Essa era uma aplicação da primazia que se dava à ação sobre a contemplação, à norma sobre a atitude subjetiva, à eficácia sobre o ser. A partir do século XVI e dos institutos que seguem a linha marcada pela Companhia de Jesus, a comunidade é entendida mais como lugar do repouso do guerreiro. Sua razão de ser é a ação pastoral. É onde se prepara essa ação e onde se descansa dela. Perde autonomia a vida em comunidade e passa a ser unicamente instrumento para a ação.

Essa linha é a que prevaleceu até que, no Vaticano II, sobretudo na reflexão teológica posterior, surge a preocupação pela formação integral do religioso e se percebe que ser apenas observante das prescrições constitucionais ou ser eficaz apenas na pastoral não atende às exigências dessa integridade humana do religioso.[18] Tampouco o cuidar de se relacionar diretamente com Deus sem ter respostas humanas para como viver a proximidade do outro na comunidade.

1.6. Repensar a vida comunitária

Duas constatações nos levam a repensar a vida comunitária. Uma, que na vida religiosa a maioria das crises começa por crises de convivência na comunidade. Outra, que não se pode deixar de lado uma dimensão essencial do ser humano, como é a afetividade. Todo religioso ou religiosa precisa ser levado em consideração afetivamente, antes de mais nada, por aqueles com os quais convive. Dizendo isso com uma expressão que ficou consagrada: não existe comunidade se não existe comunhão de vida, se não se põe a vida em comum. A vida não é o que se sabe, o que se faz, mas os sentimentos, os afetos, que determinam as motivações que levam a pessoa a fazer o que faz e a ser o que é. Enfim, é iniludível tomar consciência do que é preciso humanizar nas comunidades. Para isso, não fazem falta tantos recursos psicológicos, antropológicos, sociológicos, aos quais às vezes se recorreu em excesso, mas voltar ao evangelho e ao espírito das primeiras comunidades cristãs.

---

18. Essa mudança é expressa dessa maneira no documento de 1994, *A vida fraterna em comunidade*, da CIVCSVA. Enquanto o código de 1917 podia fazer pensar que se fixava em elementos externos e na uniformidade do estilo de vida, o Vaticano II (PC 10) e o novo código (cf. can. 602, 619) insistem explicitamente na dimensão espiritual e no vínculo de fraternidade que deve unir na caridade todos os membros. O novo código fez a síntese desses dois elementos falando em "viver uma vida fraterna em comum" (can. 607).

2. O fundamento e o objetivo da comunidade

2.1. Fundamento trinitário

João Paulo II, em *Vita consecrata*, insistiu no fundamento trinitário da vida comunitária. A vida em comum deve ser um reflexo do que acontece no seio da Trindade, de sua comunicação amorosa. Não é uma pretensão que nasce da iniciativa humana, mas que encontra sua raiz na decisão divina de fazer-nos à sua "imagem e semelhança". Ser pessoa é refletir essas relações comunitárias divinas. A vida religiosa tem de ser testemunho disso.

Isso exige a convicção do valor que a vida em comunidade tem em si mesma. Valor que aparece em *Vita consecrata*: "Na vida de comunidade deve, além disso, fazer-se palpável de algum modo que a comunhão fraterna, antes de ser instrumento para determinada missão, é espaço teologal no qual se pode sentir a presença mística do Senhor ressuscitado (cf. Mt 18,20)" (VC 42). Eis aí uma das razões de ser da vida em comum: refletir a presença de Deus no mundo, ser espaço teologal.

2.2. Escola de espiritualidade de comunhão.

Testemunhas dessa espiritualidade

Na Igreja

A vida em comum tem, além disso, a missão de ser testemunha da espiritualidade de comunhão na Igreja. Atribui-se à vida religiosa a qualidade de ser especializada, em comunhão. "Pede-se às pessoas consagradas que sejam verdadeiramente *peritas* em comunhão e que vivam a respectiva espiritualidade como "testemunhas" e artífices daquele projeto de comunhão que constitui o ponto mais alto da história do homem segundo Deus" (VC 46).

Ser testemunha é a razão essencial da singularidade da vida religiosa. No caso que nos toca, trata-se de ser testemunha de que, sem comunhão, não existe Igreja. O desafio de ser especialista em comunhão, que se exige da vida religiosa na Igreja, está na linha da Igreja especialista em humanidade, como reiterava João Paulo II e havia proclamado Paulo VI na assembleia da ONU.

Na sociedade

Essa função de testemunha da vida comunitária não se estende só à Igreja, mas abarca a sociedade em geral, à qual se estende sua missão. "A vida de comunhão 'será, assim, um sinal para o mundo e uma força que leva a acreditar em Cristo... Desse modo, a comunhão se abre para a missão fazendo-se ela mesma *missão*'. Mais ainda: 'A comunhão gera comunhão e se configura essencialmente como comunhão missionária'", diz *Vita consecrata* (nº 46) citando *Christifideles laici*, nº 81.

A vida religiosa, por seu estilo comunitário de vida, não só cria o ambiente para a realização pessoal de seus membros, não só é testemunha de comunhão na Igreja, mas manifesta à sociedade, uma vez mais, que um novo tipo de relacionamento é possível entre os seres humanos. Lemos no mesmo documento pós-sinodal: "Com a constante promoção do amor fraterno na forma de vida em comum, a vida consagrada comprova que a participação na comunhão trinitária pode transformar os relacionamentos humanos, criando um novo tipo de solidariedade. Desse modo, ela indica aos homens tanto a beleza da comunhão fraterna como os caminhos concretos que levam a ela" (VC 41). E no número 51 desse documento: "A Igreja recomenda às comunidades de vida consagrada a particular tarefa de fomentar a espiritualidade da comunhão,

Capítulo VII

primeiro no seu interior e, depois, na própria comunidade eclesial e, além ainda de seus limites, entabulando e restabelecendo constantemente o diálogo da caridade, sobretudo nos lugares onde o mundo de hoje está dilacerado pelo ódio étnico ou pelas loucuras homicidas. Situadas nas diversas sociedades do nosso mundo — frequentemente dilaceradas por paixões e interesses contrapostos, desejosas de união, mas indecisas sobre os caminhos a seguir —, as comunidades de vida consagrada, nas quais convivem como irmãos e irmãs pessoas de idade, língua e cultura diferentes, apresentam-se como *sinal* de um diálogo sempre possível e de uma comunhão capaz de pôr em harmonia as diversidades".

Com efeito, ninguém duvida da necessidade que nossa sociedade tem de transformar o relacionamento entre os seres humanos com vistas a um novo tipo de solidariedade, a uma humanização dos relacionamentos. Isso exige uma compreensão maior e mais autêntica do ser humano que se baseie na dignidade dessa condição, comum a todo homem e toda mulher, e das relações sociais, como relações nas quais a acolhida, a ajuda e o serviço mútuos hão de ter a primazia sobre o interesse em ocupar os primeiros lugares. E, sem dúvida, implica a repulsa a se servir dos outros como objetos, para usar e abusar, para fazer crescer os próprios interesses, tanto no amplo espaço da sociedade civil, como também, e sobretudo, em estruturas sociais básicas, como as relações familiares e a base delas, que é o relacionamento de esposos. Em todas, e também nestas de âmbito mais reduzido, existem diferenças de critérios e se produzem crises, de origem endógena ou exógena à sociedade, que custa muito a superar e que levam, não poucas vezes, à ruptura da convivência.

Que serviço melhor pode prestar a comunidade religiosa que ser referência de superação de crises de relacionamentos humanos? Não é razão suficiente para manter e cuidar da vida comunitária religiosa? Não é critério para justificar o futuro da vida religiosa e para ver esse futuro da perspectiva da humanização? Não só a comunidade, mas "cada pessoa consagrada terá de ser especializada em comunhão, como testemunha e artífice daquele 'projeto de comunhão' que constitui o ponto mais alto da história do homem segundo Deus" (VC 46, citando o documento da CIVCSVA, "Vida e missão dos religiosos na Igreja").

3. A comunidade que terá de enfrentar esses desafios

3.1. Plano geral

Pois bem, esse é o desafio do nosso estilo comunitário de vida. Aceitá-lo, algo iniludível a partir do momento em que formamos uma comunidade religiosa, é planejar os níveis de "humanização" de cada comunidade; de como a comunidade é espaço e fator da própria realização humana. Contamos com o apoio da fé, que nos diz que a vida em comunidade há de ser reflexo da própria vida trinitária e realização – com as imperfeições próprias da nossa condição pecadora – do Reino dos céus que Cristo pregou, como expressão de uma nova humanidade.

Só se pode ser testemunha se as comunidades religiosas forem peritas em comunhão. A comunhão corresponde ao projeto de Deus sobre o ser humano. Sem comunhão não existe realidade humana. Portanto, o fundamento da comunidade também está no ser humano; o objetivo dessa comunidade é chegar à plenitude do ser, que se consegue à força de manter a comunhão com os outros — também com a natureza — em comunhão com Deus. Não se trata apenas de um plano antropológico, o que aliás é, mas de uma espiritualidade, como afirma o texto de *Vita consecrata*. Espiritualidade entendida como o que brota do fundo do que somos, que emerge na nossa vida como a razão de ser dessa vida e também como a força interior que nos impulsiona no nosso caminhar. A espiritualidade da vida religiosa é, como continua afirmando o documento, uma espiritualidade de comunhão. Lembremo-nos de que essa espiritualidade de comunhão, reflexo da comunhão trinitária, se manifesta oferecendo uma autêntica amizade e sentindo o outro, como João Paulo II expunha em *Novo millennio ineunte*. A amizade, como já vimos, responde à intensidade afetiva que deve surgir do nosso coração. "Sentir o outro" é, por um lado, resultado da convicção de que o outro é alguém da minha vida — próximo — e, por outro lado, do sentimento que implica amá-lo como a si mesmo, atendê-lo como atendemos a nós mesmos, experimentá-lo como algo nosso. É isso o que permite passar da comunhão à comunidade.

3.2. Alguns aspectos concretos que devem ser sublinhados

Não se trata de expor as características de uma autêntica comunidade religiosa, algo que levaria muito tempo, mas mostrar o que é mais emergente nessa comunidade.

A comunicação

Não existe comunidade se não existe comunhão, nem comunhão sem comunicação. A comunicação intracomunitária tem um nome: diálogo. Assim o entendem os documentos eclesiais como *Vita consecrata* e *A vida fraterna em comunidade*. O diálogo foi promovido como exigência da condição cristã e de sua relação com o mundo pelos últimos papas, sobretudo a partir de Paulo VI. Diálogo — pacto de

Iguais a todo mundo?

amizade — é a forma de oração a Deus que Santa Teresa de Ávila nos ensina. Diálogo no estilo do trinitário, ou seja, diálogo carregado de afeto e de verdade. Diálogo que é capacidade para estar aberto ao que o outro diz e acolhê-lo. Diálogo que conta com a transparência dos que dialogam. Diálogo no relacionamento espontâneo e também diálogos comunitários promovidos, programados e realizados.

Um filósofo moderno falava do "diálogo que somos": enviamos e recebemos mensagens pelo fato de existir, e o nosso ser vai-se modulando nesse intercâmbio de mensagens. Viver em diálogo é viver humanamente. Viver recluso nos interesses, verdades e afetos próprios é destruir-se.

O diálogo promovido no mundo das relações sociais se manifesta como algo tão necessário quanto difícil. Não é fácil perceber que se quer o diálogo para ouvir o outro, e não para expor ao outro o que se quer que ele compartilhe, para contar com seu apoio ou simplesmente para demonstrar o próprio saber. Não deixa de ser uma das grandes carências da vida social, política e também religiosa. Tampouco alcança o destaque que merece na vida familiar. Por isso, o testemunho de uma comunidade aberta ao diálogo, na qual existe a comunicação fácil e transparente entre seus membros, é uma proclamação desse elemento essencial da condição humana, que é saber ouvir o outro, e poder abrir-se a ele porque conhece sua acolhida.

A lei do mais fraco

Se na natureza, e em grande parte das relações humanas, a lei que impera e movimenta o câmbio é a do mais forte, na comunidade é a lei do mais fraco. O fraco é o que deve atrair a atenção e os cuidados dos outros. À semelhança do

Capítulo VII

que se passa nas famílias nas quais o menino indefeso, que não tem valor por si mesmo, marca o ritmo da vida familiar. Nos documentos eclesiásticos sempre se faz referência ao papel que os mais velhos desempenham na comunidade. Quando se fala de mais velhos, não se referem apenas aos que, por sua experiência e sabedoria em épocas passadas — como lembra Castillo criticando a convicção, hoje aceita sem um autêntico juízo de valor, de que os formadores dos jovens têm de ser jovens —, orientavam a comunidade, mas aos anciãos, enquanto representam o setor fraco da comunidade. Existem mais fraquezas: fraqueza também do jovem que acaba de se incorporar na vida religiosa, fraqueza do que passa por crises de diferentes matizes. Uma comunidade religiosa que cuida dos fracos é testemunho claro de humanidade em uma sociedade em que, com frequência, os que decidem são os fortes, os poderosos, diante dos quais os outros devem render-se. Algo que é desumano, porque inverte os valores, e o valor de ser pessoa é submetido ao lugar ou rol que lhe é atribuído na sociedade.

Por isso, não condiz com a comunidade religiosa procurar os primeiros postos, embora seja uma tentação que surge da medula do nosso ser, como acontecia com os apóstolos. Na vida religiosa, o papel principal não é desempenhado por quem o atribui a si mesmo, mas, se existe, é desempenhado por aquele a quem os irmãos o atribuem. E este há de ser o fraco. Eis aí uma clara proclamação da afirmação de Machado, já citada nestas notas: "Por mais que valha um homem, nunca terá valor maior do que o de ser homem". A opção pelo desfavorecido, algo que pertence à essência do Evangelho, é opção por aquele cuja humanidade está desprovida do que sua dignidade humana exige. É opção, portanto, pelo ser humano. Essa opção deve ser feita em primeiro lugar na comunidade.

A lei da comunidade é a de Cristo: o serviço

Vivemos, como Cristo, para servir. Um serviço que não é escravidão, que não nos converte em servos por dois motivos: primeiro, porque está animado pelo amor, é uma manifestação do amor fraterno; e, segundo, porque é serviço a Deus no irmão; "servir a Deus é reinar" — temos ouvido tantas vezes; é viver incorporado ao Reino de Cristo. O documento *A vida fraterna em comunidade* adverte que os seus membros não se reúnem para consumir a comunidade, mas para construí-la. Não para servir-se da comunidade, mas para servi-la. Que dúvida pode haver de que no serviço a ela colhemos benefícios abundantes e, ao construir a comunidade, nos sentiremos agraciados por sermos seus membros?

Sabemos que nossa sociedade está precisando (e como!) de pessoas que entendam a vida como serviço, que não vejam no outro alguém de quem podem se servir; de pessoas que não achem que pertencer a uma entidade social, seja de que tipo for, tem como único objetivo aproveitar-se dela. Um clube de jovens dizia: "Aquele que serve vive". Viver é dar-se, oferecer-se para que os outros vivam, criando vida; e vida humana é como se vive humanamente. Ícone disso deve ser a comunidade religiosa.

Comunidade fraca

A comunidade religiosa é comunidade de pecadores; ela própria é pecadora. A fraqueza moral é a de seus membros e forma uma comunidade com defeitos acumulados. É comunidade que precisa entender a urgência da contínua reconciliação. Comunidade reconciliada, formada por reconciliados. Em contínuo processo de reconciliação. Nem ela — nem seus membros — levanta a cabeça com orgulho; ela a mantém baixa,

Capítulo VII

com vergonha de suas fraquezas. Mas nunca se sente esmagada pela miséria que nela se aninha. Mantém a confiança de quem caminha evitando dificuldades, porque o desejo de ir adiante no caminho é mais forte do que as quedas que se produzam. É comunidade que, na sua fraqueza, dá a razão da sua esperança. Rechaça a depressão, a frustração crônica, o pessimismo derrotista.

Eis como alguns religiosos vão construindo a comunidade: em luta consigo mesmos, em esforço contínuo e generoso para construir a comunidade, levantando-se com frequência das quedas, reincorporando-se no caminho momentaneamente perdido, esforçando-se por superar a tentação do cansaço que às vezes é produzido pela simples convivência. Uma comunidade religiosa é comunidade reconciliada consigo mesma e com Deus. A comunidade religiosa não vai, pois, alardeando sua dignidade em um mundo que se julga quase pervertido; pelo contrário: se apresenta com a humildade do que sabe que a perversão está muito disseminada, mas com o alento de quem não aceita a derrota. O relacionamento entre os membros da comunidade não é perfeito; está sempre em vias de purificar-se e fortalecer-se..., sem cansaço e com generosidade para com o outro. Eis aí como a comunidade religiosa se manifesta como realmente humana.

Comunidade alegre

Ser pessoa é procurar a felicidade, não é sacrificar essa vida à dor para conseguir a felicidade na outra. O céu não é alternativa por contradição à terra, mas por aproximação. Para proclamar a fé no céu, é preciso cuidar para que a terra se aproxime cada vez mais do que é gozo definitivo. Ninguém se faz religioso para expiar com a dor e o sacrifício seus pecados e alcançar, assim, a salvação. Isso só pode gerar amargura nele e nos que são obrigados a conviver com ele. Adota-se a vida religiosa porque se gosta dela. Essa é a primeira razão. E, na vida religiosa, na comunidade, deve-se procurar ficar à vontade, gozar da comunidade.

A comunidade mais exemplar, onde parece existir unanimidade entre seus membros, se não está cheia de alegria, se seus membros não vivem com prazer o fato de pertencer a ela, não é humana, nem religiosa, nem oferece atrativo algum, apesar de ser "modelar" em outros aspectos. O religioso só diz algo às pessoas, proclama algo valioso, quando está feliz por ser religioso e por compartilhar essa felicidade com os outros membros da comunidade.

Nossa sociedade precisa conhecer homens e mulheres felizes na convivência, precisa de referências de como superar os motivos de angústia e frustração que a vida oferece. Essa referência ela não a encontrará em homens e mulheres excepcionais, puros, e sim em homens e mulheres fracos, mas que têm prazer em compartilhar fraquezas e riquezas, porque se estimam do modo que são, e esse afeto é mais forte que suas limitações e permite que se veja o positivo do outro. Eis, portanto, um grande desafio à vida religiosa de hoje e do futuro: oferecer à sociedade, com seu estilo de vida, motivos para viver e conviver.

Capítulo VIII
Estar e agir no mundo: sociedade, política e vida religiosa

O religioso ou religiosa é uma pessoa que, pela sua condição humana, está no mundo, não fora dele. Além disso, coopera na construção de um mundo mais humano. E esse é o objetivo de sua condição de religioso, que não pode renunciar.

1. Estar

Somos seres situados. E situados no mundo. Somos mundanos no sentido direto do seu significado, habitantes do mundo. Somos seres históricos: construímos a história da humanidade e esta nos constrói. Não somos moradores de nenhum império; pisamos a terra junto com todos os que a pisam. E isso não é algo acidental no nosso ser — é elemento que nos constitui na nossa condição humana.

Não só não somos seres à margem do que acontece ao nosso redor, mas que, como religiosos, temos de conhecer e interpretar os sinais dos tempos. Por seu intermédio, Deus fala conosco, o Evangelho se faz realidade. O discernimento dos sinais dos tempos, como diz o Concílio Vaticano II, acontecerá à luz do Evangelho, de tal modo que se possa responder às perenes perguntas dos homens sobre o sentido da vida presente e futura, e sobre a relação mútua entre ambas.

2. Agir

"É importante para o vosso apostolado na Igreja ser sensível às necessidades e aos sofrimentos dos homens, que se mostram tão claramente e de modo tão comovedor no mundo de hoje" (RD 15).

Cabe à condição humana transformar a criação para construir um mundo mais apto para se viver, mais humano. Nós, os religiosos, não podemos renunciar a isso. Mais ainda: exige-se de nós que nossa atividade esteja livre de tudo aquilo que desumaniza ou torna pequeno o ser humano. O religioso tem de ser testemunha de que a atuação no mundo só pode procurar fazer que este sirva cada vez mais e melhor aos autênticos interesses do ser humano, de modo que ele possa desenvolver todas as suas possibilidades. Portanto, a vida religiosa tem de ser um grito contra a transformação de um mundo que não beneficia a todos, mas que favorece a alguns e afunda os outros na miséria; como também tem de ser contra a transformação do mundo que acha que a criação só serve para satisfazer as necessidades econômicas, os desejos de poder, de ter ou de se divertir, e não para ir construindo o ser humano a partir da admiração, da contemplação do belo e da transformação interior do próprio indivíduo.[19]

---

19. Religiosos e religiosas temos de aplicar a nós o que diz a *Gaudium et Spes*: "Tudo o que os homens fazem para conseguir mais justiça, uma fraternidade mais ampla e um relacionamento mais humano nas relações sociais vale mais do que os progressos técnicos. Pois estes podem oferecer, como diríamos, a matéria para a promoção humana, mas por si sós não podem de maneira alguma levá-la a cabo. Portanto, esta é a norma da atividade humana: que, de acordo com o desígnio e a vontade divina, concorde com o bem genuíno do gênero humano e permita que o homem, individual e socialmente, cultive e realize plenamente sua vocação" (GS 35).

Capítulo VIII

O trabalho é parte integrante do nosso ser religioso; *ora et labora* (reza e trabalha) foi o lema dos primeiros monges. Não para ocupar o tempo, não apenas para ganhar o pão, mas para ser o que somos[20] e cooperar para que os outros o sejam. Somos pessoas que nos fazemos tais no trabalho. O parasitismo não é religioso, porque não é humano.[21] Não será um trabalho que procure exclusivamente a eficácia, entendida como rentabilidade econômica ou social, mas um trabalho que permita desenvolver nossa vocação.

3. No mundo

3.1. O que entendemos por mundo?

É no evangelho de João que encontramos mais frequentemente a palavra "mundo". Nesse evangelho, e em outros lugares da *Bíblia*, nem sempre é dado o mesmo significado a essa palavra:

1º) Por mundo, entendemos às vezes o criado. Esse que saiu das mãos de Deus e que o mesmo Deus viu "que era bom".

2º) Outras vezes é o cenário da nossa existência, onde se desenrola nossa história concreta. Jesus veio para iluminá-lo, rezou na última ceia para que os discípulos trabalhassem nesse mundo (João 12,46; 17,15).

---

20. "A atividade humana, assim como procede do homem, está ordenada para o homem. Pois o homem, quando age, não só muda as coisas e a sociedade, mas também aperfeiçoa a si mesmo" (GS 35).
21. "Aurélio, bispo de Cartago, estava muito zangado por causa da conduta dos monges que se entregavam ao ócio sob o pretexto da contemplação e, a pedido seu, Santo Agostinho publicou um tratado, *De opere monachorum*, no qual demonstra, com base na autoridade da *Bíblia*, o exemplo dos Apóstolos e que, mesmo diante das exigências da vida, o monge é obrigado a dedicar-se ao trabalho árduo" (BESSE, J. M. "Regra de Santo Agostinho" [in línea]. Disponível em: <http//www.enciclopediacatolica.com/r/reglaagustin.htm>).

3º) O mundo como a raça humana mediante toda a história. "Deus amou tanto ao mundo que lhe entregou seu Filho" (João 3,16).

4º) Sentido pejorativo do mundo. Seu príncipe é o demônio (Jo 13,27). Seus discípulos não pertencem a ele (Jo 17,16). Não são do mundo, embora vivam nele. Será uma luta contínua de Jesus e deles contra o "príncipe deste mundo". O mundo entendido dessa maneira é o proclamado pelos catecismos clássicos como inimigo da alma.

3.2. Os religiosos e o mundo

O mundo, no quarto sentido, não é a criação: é uma estrutura humana que procura o que vai contra o plano que Deus forjou para o ser humano; portanto, é contrária à perfeição do próprio ser humano; é uma estrutura desumana.

Renuncia-se a ele no batismo e, de um modo especial, com a consagração religiosa. A vida religiosa supõe a separação do mundo no que ele tem de desumano, rechaçar a contínua pressão de forças desumanas, chamadas assim porque prescindem do essencial do ser humano: servir, amar; para sacrificá-lo ao acidental: o poder, o ter, o prazer.

Para nós, o mundo é, antes de tudo, o que expressa o terceiro significado. Ele é constituído pelos que pisam na terra e pelos que a pisaram: os seres humanos. Diante deles só cabe uma reação, a do Pai: amá-lo. Porque esse mundo vai-se tornando, ao longo da história, o Reino dos céus. Nossa vocação é uma vocação por esse reino. Vocação, portanto, para fazer que o mundo se pareça cada vez mais com o Reino dos céus.

É verdade que o religioso estabelece distâncias a respeito do mundo entendido como realidade histórica concreta, o segundo sentido, não porque não ame esse mundo

Capítulo VIII

por causa da distância que ele mantém a respeito do mundo que Deus quer. Ele o ama, ele também é o seu mundo. Foi o próprio Deus que quis este mundo, apesar de ele estar muito longe do seu projeto. O mundo em que Cristo apareceu, o mundo ao qual por amor o Pai lhe entregou seu Filho, era o mundo de Herodes, por exemplo.

O amor de Deus pelo mundo é essencialmente um amor libertador. Se contemplou com satisfação a criação antes que o ser humano interviesse nela, é certo que não pode sentir essa satisfação depois da repulsa do ser humano ao seu plano. Mas não permanece nesse desgosto, menos ainda pretende um castigo definitivo, mas leva a cabo um plano restaurador do projeto inicial e envia seu Filho ao mundo. O religioso tem de amar esse mundo como Deus o ama e sentir que sua vida e missão constituem um testemunho do compromisso de Deus com o mundo que o levou a enviar seu Filho. De acordo com o projeto do Filho, há de transformar esse mundo no que implica o Reino dos céus que ele pregou.

Para isso precisa estabelecer uma distância crítica, para não se perder na realização histórica e deixar-se arrastar pelas forças que movem o mundo, entendido no segundo sentido. Terá de se afastar dos objetivos que majoritariamente homens e mulheres planejam e, até mesmo, optam por um tipo de vida excepcional, que seja uma chamada de atenção, um indicador de quais objetivos são os autênticos que o ser humano, como tal, tem de forjar, quais valores hão de predominar. O religioso foge desse mundo assim entendido para buscar a autêntica humanidade. Ao fugir desse mundo, ele se compromete com a humanidade.[22]

---

22. De um hino da *Liturgia das horas*: Não venho para me refugiar // dentro de uma torre // como quem foge de um exílio // de aristocracia interior. // Pois vim fugindo do ruído // mas não dos homens.

"Nada do que é humano nos é estranho", porque somos humanos. Pelo contrário, somos sensíveis, sobretudo ao humano do mundo, da sociedade, dos seres humanos. E apostamos para que o humano seja o que triunfe, o realmente humano de cada pessoa, e da sociedade que molda, que Deus tanto amou.

4. Vida religiosa e missão

4.1. Cristo e o Reino dos céus, objetivo de sua missão

Não se pode esquecer que a missão da Igreja é apresentar a figura de Cristo, sua pessoa e sua palavra. Dentro dessa missão situa-se qualquer outra que emane da vida religiosa. Apresentar a figura de Cristo é oferecer a resposta às grandes perguntas: quem é Deus e o que é cada ser humano. As respostas são: Deus é o Pai que cuida de seus filhos, justos e pecadores, e o ser humano é aquele que aproxima o seu ser ao de Cristo. Portanto, evangelizar, apresentar Cristo, é mostrar como há de ser o ser humano.[23] Tudo o que for compromisso mais próximo, mais radical... com Cristo, é comprometer-se da maneira mais profunda com o ser humano.

Isso exige que o trabalho pastoral ou missionário da vida religiosa tenha como objetivo oferecer o que é essencial no ser humano para que responda ao projeto de Deus, para que fique mais perto de Jesus de Nazaré. Sem dúvida, exigirá no princípio a luta pela subsistência digna da pessoa, para que ela tenha o essencial para manter sua dignidade. Contudo, o religioso não pode centrar seus esforços simplesmente

---

23. Entre os possíveis âmbitos da caridade, o que sem dúvida manifesta em nossos dias e por um título especial o amor ao mundo "até o extremo" é o anúncio apaixonado de Jesus Cristo aos que ainda não o conhecem, aos que se esqueceram dele e, de modo preferencial, aos pobres (VC 75; cf. RD 7).

Capítulo VIII

para que aqueles aos quais se dirige em sua atividade pastoral ganhem mais dinheiro, tenham um nível de vida mais folgado, e a sociedade tenha mais meios para desfrutá-los. Isso pode ser bom, mas não é o objetivo de uma atividade pastoral dos religiosos.

Na sua missão, o religioso se preocupará com os aspectos que delineiam os valores próprios do Reino dos céus, como os de uma humanidade em paz, baseada na justiça, constituída por seres humanos livres, que saiba conviver na acolhida ao outro, também ao estranho, e na ajuda mútua... Por isso, ele não pretende lutar como se fosse o único comprometido, o único que sabe fazê-lo, o único que garante fazê-lo bem. Essa é tarefa de todo homem ou mulher de boa vontade. A eles se unirá para conseguir esses objetivos.

O caráter "profético" da missão do religioso exige que ele se comprometa como qualquer servidor da Igreja — ou pessoa de boa vontade — com essa missão humanizadora. O peculiar disso é que sua atividade deve emergir do seu modo de ser e de viver. Na prática, sua capacidade de amar homens e mulheres e de entender a vida como um dom, como consagração à causa de Deus, que é a da libertação e da realização do ser humano, é origem e núcleo constitutivo de sua vocação religiosa. É profeta não porque adivinha o futuro, mas porque capta a plenitude do que existe, recôndita realidade que constitui o ser, e o liberta do que o degrada. Essa realidade não é outra senão o amor, o que dá sentido à sua opção pela vida religiosa e por sua missão. O sentido profético da sua vida e, por conseguinte, da sua missão leva-o a ir além da tarefa a que aludíamos, na qual pode concorrer com homens e mulheres de boa vontade; a esforçar-se para avançar até uma humanidade justa, em paz, solidária; a desejar uma humanidade na qual o valor supremo seja o amor, e a tratar de consegui-lo simplesmente transmitindo amor. Essa é a grande utopia da missão da vida religiosa que se baseia na utopia da própria vocação: seguir muito de perto Jesus de Nazaré. No próximo item desenvolvemos mais esse conceito.

4. 2. A vida religiosa, plataforma peculiar para trabalhar por um mundo mais humano

A vida religiosa é a instituição mais comprometida com a atenção das situações de desumanidade. Nenhuma instituição faz mais pelo ser humano, de modo mais desinteressado.[24] Ela o realiza atuando como pessoa libertada para humanizar o mundo com sua ação concreta e, também, sobretudo, com o estilo de vida marcado por sua vocação. Na prática, o compromisso do religioso com o ser humano, que o leva à atividade pastoral, surge:

1º) Da opção *religiosa*, isto é, da sua experiência de Deus, de seu conhecimento do rosto de Deus, que descobre

---

24. Na nossa ação, é preciso inverter a sequência do capitalismo: "Um dos desvios principais do capitalismo é ter submetido a vida espiritual ao consumo, o consumo à produção e a produção à ganância, tornando com isso a hierarquia natural justamente o inverso. A primeira pergunta suscitada pelo regime positivo dos bens é a seguinte: que bens materiais são necessários ao homem para lhe assegurar uma vida humana?" (MOUNIER, E. *Revolución personalista y communitaria*. Em: *Obras*. Vol. 1. Salamanca: Sígueme, 1992). Mounier fala de bens materiais, mas nós também podemos nos referir aos "espirituais". Existe uma sociedade de consumo espiritual; há bens espirituais que têm mais demanda, seu consumo está mais assegurado, são mais rentáveis economicamente: basta pensar, por exemplo, nas peregrinações, nos santuários, na administração de alguns sacramentos ou em certas bênçãos, na venda de objetos sagrados, ou em certas mediações apostólicas, colégios, hospitais de alto nível... Desvirtuamos nossa missão quando cuidamos do que dá renda — para não falar de outra rentabilidade social, a que produz prestígio social, e é talvez o que se quer — e não nos preocupamos com as *necessidades autênticas do ser humano*, embora atendê-las não seja rentável.

Capítulo VIII

nele que só tem sua condição humana, desprovido de quase tudo[25] e da sua "consagração" a esse Deus. Como disse o papa João Paulo II: "A forma de participação — na missão do Povo de Deus própria das pessoas consagradas corresponde à forma da vossa ligação arraigada em Cristo. Sobre a profundidade e a força desse enraizamento se determina precisamente a profissão religiosa" (RD 7).

2º) Do que exige nosso voto de *pobreza*: Sem procurar recompensa alguma, como pobres (embora quem serve ao altar possa viver do altar). Mas, sobretudo, não valorizando nunca a atividade pastoral pelo que rende economicamente ou por seu prestígio social. Tudo isso é alheio ao nosso ser. Ser religioso é entender de generosidade, dar o que se tem para encontrar o ser e seguir a Cristo. No evangelho, está bem claro na cena do jovem rico[26].

---

25. "A procura da beleza divina leva as pessoas consagradas a velar pela imagem divina deformada no rosto de tantos irmãos e irmãs; rostos desfigurados pela fome, rostos desiludidos por promessas políticas; rostos humilhados dos que veem desprezada sua própria cultura; rostos aterrorizados pela violência diária e indiscriminada; rostos angustiados de menores; rostos de mulheres ofendidas e humilhadas; rostos cansados de imigrantes que não encontram uma acolhida digna; rostos de anciãos sem as mínimas condições para uma vida digna. A vida consagrada mostra, desse modo, com a eloquência das obras, que a caridade divina é fundamento e estímulo do amor gratuito e operante. São Vicente de Paulo estava bem convencido disso quando indicava como programa de vida às Filhas da Caridade 'entregar-se a Deus para amar Nosso Senhor e servi-lo material e espiritualmente na pessoa dos pobres, em suas casas ou em outros lugares, para instruir as jovens indigentes, as crianças e, em geral, todos aqueles que a divina Providência lhes mandasse'" (VC 75).
26. Nenhuma atuação no mundo, seja material ou espiritual, profana ou religiosa, pode esquecer o que a *Gaudium et spes* nos lembra: "Cristo, homem perfeito... nos revela que 'Deus é amor' e ao mesmo tempo nos ensina que a lei fundamental da perfeição humana — e por isso da transformação do mundo — é o mandamento novo do amor" (GS 37).

3º) **A partir do *amor*.** Só a partir do amor a homens e mulheres se justifica a atividade pastoral que a Igreja e seus ministros realizam. A castidade da vida religiosa é uma plataforma que ajuda a centrar o amor naqueles com os quais se encontra na sua missão. Assim o entendem homens e mulheres que, de um modo especial, se confiam aos membros dos institutos religiosos, porque sabem que sua atividade não é interesseira, mas impulsionada pelo afeto que lhes professam. Não se trata de fazer proselitismo, de cuidar de aumentar "o nosso", mas de dar às pessoas, à sociedade, o melhor que se pode dar a quem se ama: um sentido à sua vida, uma vida realmente humana.

4º) ***Da comunidade***, desde uma vida compartilhada, onde a solidez comunitária está acima das capacidades de cada indivíduo. Por isso, cada religioso não forja seu plano e se compromete com atividades à margem da comunidade, mas é um enviado obediente dessa comunidade. O apóstolo religioso nunca é um francoatirador. Sabe a quem se deve, com quem conta, quem o anima, de onde pode recobrar força e ilusão: na comunidade.

5º) *Sempre em atitude de discípulos.* Aprendemos mais do que ensinamos, recebemos mais do que damos em contato com os seres humanos, quando o seu ser nos preocupa de verdade, não o seu ter ou seu nível cultural, ou sua aceitação social... Damos o que recebemos, o que não é nosso. Por isso, nunca podemos "nos apropriar" daqueles aos quais nos dirigimos. Já dizia Paulo: "Sou somente de Cristo".

5. Conclusão

A vida religiosa no futuro, na sua missão, na sua atividade pastoral diante do mundo, do aspecto que tenha essa

Capítulo VIII

missão, do carisma peculiar a que responda, há de ter um objetivo explícito: oferecer o autêntico projeto de ser pessoa que se bebe no Evangelho, na figura de Cristo. Terá de mostrar o Reino dos céus, que é uma nova terra, uma nova humanidade. Está, portanto, voltada para o mundo, desde uma distância que impede que ela se perca na realização concreta desse tempo. Não acredita no fatalismo dos fatos tal como se realizam. Outro mundo é possível. Outra comunidade, outro tipo de relações entre os seres humanos é possível... e necessário. Um mundo, relações cujo modo de ser seja determinado pela primazia da pessoa, pelo que ela é, seja qual for sua raça, sua cultura, até mesmo sua dimensão ética, porque é isso que se vive nas comunidades religiosas; estas serão testemunho, ícone dessa nova humanidade.

GRÁFICA
AVE-MARIA
Impressão e acabamento:
GRÁFICA AVE-MARIA
Estrada Comendador Orlando Grande, 88 – 06833-070 – Embu, SP
Brasil – Tel.: (11) 4785-0085 • Fax: (11) 4704-2836